新・日本列島から日本人が消える日

上巻

ミナミＡアシュタール

加筆版

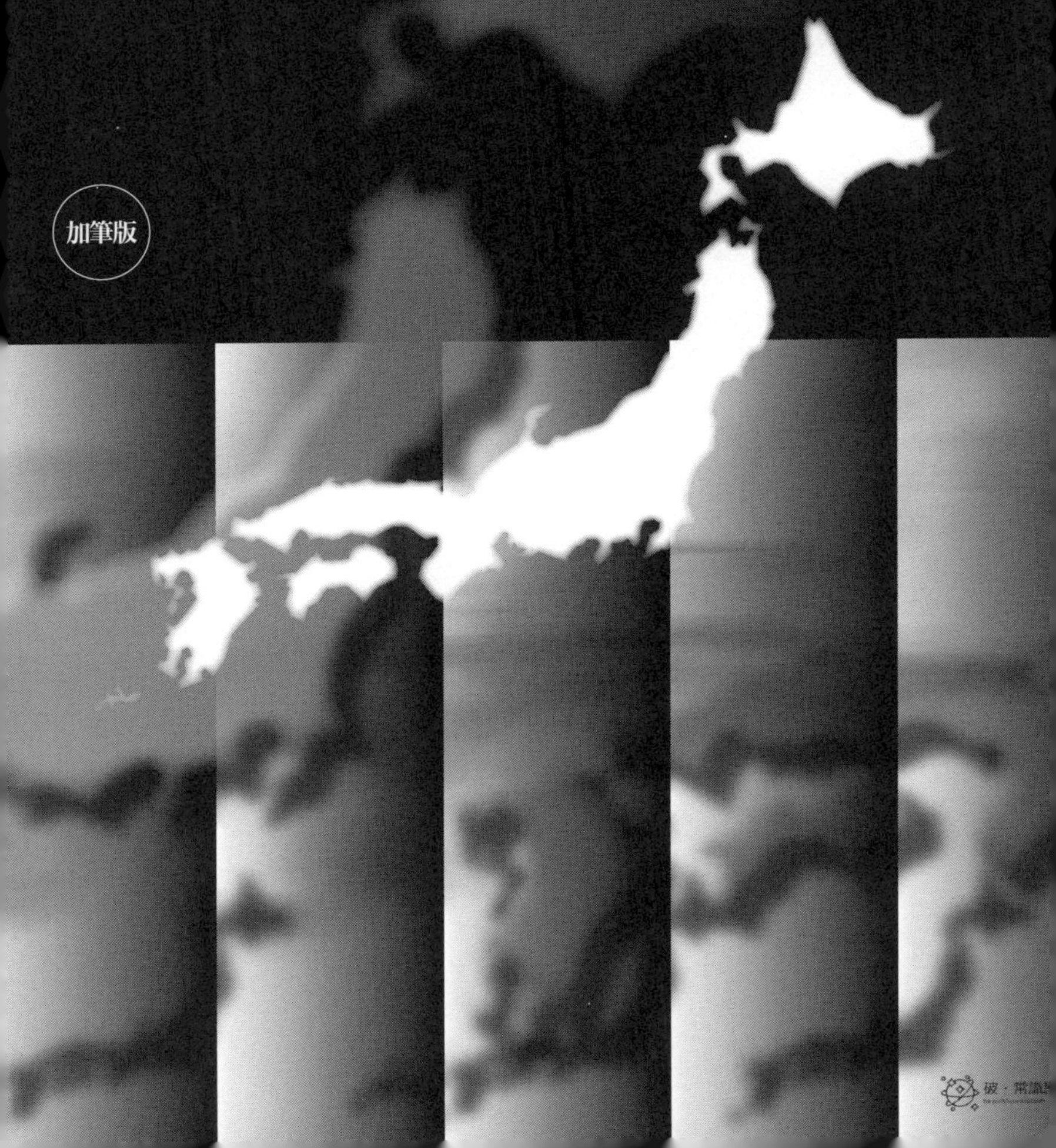

破・常識

新・日本列島から日本人が消える日　上

目　次

新・日本列島から日本人が消える日　下

目次

プロローグ

「ここは一体どこなんだよ……」

バスを待ちながら、私はひとり呟かずにいられなかった。

ここは、神奈川県藤沢市湘南台……という、どこにでもあるような小さな町。

そんな小さな町のバス停に立っていて聞こえてくるのは、私には理解できない言葉ばかり。

まわりを見渡すと、ほとんどが中国、インドネシア、韓国などのアジア系や、ブラジル、アルゼンチン、中近東、そして西洋系の外国人なのである。

それも旅行者ではなく、いかにも日本に住んでいて、仕事帰りという風情の外国人達。

これが大都会の新宿や渋谷、六本木あたりならまだ理解も出来る。

でもこんな地方都市の片隅の小さな町に、何で外国人がこんなにいるんだ？

このバス停だけじゃない、町のいたる所から聞こえてくる外国語……スーパーの食料品売り場でも、エスカレーターに乗っていても、いたる所から聞こえてくる外国語。

本当に、ここは一体どこなんだ？　日本じゃないのか？

この前、札幌に行った時も同じだった。

ホテルのロビーは中国人で溢れかえり、朝食を食べようとレストランに行けば、聞こえてくるのは中国語ばかり。思わず日本人を探したが私の目では見つけることが出来なかった。一瞬中国に来てしまったのかと錯覚するくらいである。

また同じ言葉を呟く私。「ここは一体どこなんだよ……」


「また始まっただけよ」

「えっ？　また始まった？　何が？」

「歴史は繰り返すって言うでしょ……明治維新や戦国時代、そして弥生時代、
そして、もっとさかのぼれば、アトランティスやムーの時代でも同じ事が起きた……

それが、また繰り返されているってこと」


私の人生は、ある女性との出会いによって大きく変わった。

その女性と出会う前、私は役者として二十二年の間舞台に立っていた。

十八歳の時に突然、役者になることを思い立ち、大学をやめ、上京。

数年の養成期間を経て、プロになって二十二年間、人生や社会に何の疑問を持つことなく、役者として舞台に立つ日々を送っていた。

どうすればいい舞台を創ることが出来るか……それだけが私の興味のあることだった。

そして私は、このままずっとこの生活は続いていくものだと信じて疑うことはなかった。

しかし、人生には時として思わぬ出来事が起きる。

これからお話しする、私の身に起きた出来事は、すべてウソ偽りのない本当の出来事だということをまずは伝えておきたいと思う。


その女性と初めて会ったのは、今から約十二年前。

私が養成所の講師をしていた劇団に、彼女が女優として入団してきたのである。

それから二年間は、劇団の忘年会などで年に二、三回顔を合わせる程度のものだった。

その関係が、三年目の忘年会で大きく変わったのである。

その年の忘年会で意気投合し、話が弾み、飲み過ぎた私たちは終電に乗り遅れ、仕方がないので始発まで駅のマックで時間をつぶしていた。


突然だが、役者は儲からない……役者だけで生活が出来るのは、テレビに出ている有名な役者だけで、私のような小さな劇団で芝居をしているような役者は、他にも違う仕事をしなければ生きていけない。

ご多分に漏れず、私もサイドビジネスをしていた……

それが養成所の講師だったり、ソフト整体のセラピストだった。


セラピストをやってる時の他愛もないエピソードを面白おかしく話していたら、

彼女が唐突に聞いてきた。……「あの、レイキって知ってますか??」

「レイキ?? なに?それ?」

「そうですよね、知らないですよね……でも、セラピストしていらっしゃるなら、身体の外側のエネルギーのことも知ってるかな?って思って」

「身体の外側のエネルギー??? 何それ?」

と聞きながら……これはマズイかもしれないと本気で思った。

忘年会で話をしている彼女は、いたって普通の人に見えた……が、実はマズイ人だったのかもしれない。何かの宗教か、それとも不思議ちゃん??

いずれにしても、話をはぐらかさないと困ったことになるぞ。どうしよう?

「変な人だと思いました?」

「あ、……いや、そんな事はないけど、でも急に身体の外側のエネルギーと言われても……」

「そうですよね、みんなそう思いますよね……でも、本当にあるんですよ、エネルギー体って……、ほら、こうして触ってみることも出来るんですよ」と自分の身体の外側二十センチ程のところを撫でるように手を動かす。

ヤバいぞ、本格的に話を始めちゃったぞ……どうやってこの場を乗り切るか……適当に話を合わせながら、別の話題へもっていくしかないな……と、頭クルクルしながら逃げ方を考えていたが、フッと彼女の表情を見ると、本当に真剣に話をしているのがわかる。何かの勧誘や、ある意味（変な所へ）行っちゃった人の表情ではない。

私にもそれくらいは、わかる。どうしたものかと迷っていると、

「とにかくこうして手を出してみてください」と、自分の手を前に出しながら言うので、仕方なく手を彼女の方へ差し出すと、突然バチンと電気が走ったような、輪ゴムで弾かれたような鋭い衝撃が走った。

「痛！　何した？」思わず大声になる。

私の大声に、驚いた彼女は、

「何もしてないですよ。身体に触れてもいないですよね」と、

何もしていないというジェスチャーで手を上げる。

「でも、いまバチッていったよね、バチッて！」

「きっとエネルギー体が反応したんです。あつしさんが敏感だから、衝撃的に感じたんじゃないですか？」

敏感？　敏感？　何に？？

私は、これまで目に見えないものはまるで信じていなかった。

そしてこれからも信じることはない……そう思っていた。

でも、実際これだけの衝撃を受けると、信じざるを得ない……

でも、見えないものはないはず……という矛盾の中で混乱していた。


これが、私の不思議な出来事の始まりなのである。

（今では不思議でも何でもない事なのだが、その時は不思議以外の何ものでもなかった）

何が起きたのかわからない……頭では理解できない……でも、何かある！

私の知らない世界があることだけはわかった。

それが何なのか知りたいと強く思った私は、また話を聞きたいと思い、
後日、彼女に連絡を取ったのである。

それが、不思議の国への第一歩を踏み出すことになるとは、
人生がこんなにも変わってしまうことになるとは……その時はぜんぜん思わなかった。

彼女の名前は、ミナミ。　私の名前は、あつし。
これが、この本の著者名、ミナミAアシュタール。ミナミはミナミ、
そして、ちょっと小さい主張になるがAが私、あつしのAなのである。
アシュタールに関してはまた後から説明するが、とにかくその後聞くミナミの話は、
常識の範囲から大きく逸脱しているのである。それがある意味面白い。

次にミナミに会った時、

「私ね、見えないものが見えたり、聞こえないものが聞こえたりするんですよね」って。

来たぁ〜〜、見えないものは見えない、聞こえないものは聞こえない私にとって、どこをどう理解すればいいのか？？


「見えないものって、お化けとか？？」

「そうですね、お化けとかは昔はよく見えたけど、今は見るのはやめました」

「あ〜、そうですか……（やめたって言われてもよくわからないし）」

「でもね、聞くのはまだ聞くんですよ」

「聞くって、何を？　お化けの声とか？」

「お化けも、まぁ、聞こうと思えば聞けますけど、それは見るのと同じようにやめました。でも、他の声はまだ聞いてます」

「あ〜、そうですか……（って、お化け以外の聞こえない声ってどんな声なんだ？）」

「あ〜、また変な人だと思うかもしれませんけど……」

「大丈夫、もうそこは心配しないで（十分思ってるし、それでも真面目に話を聞きたいと思ってるんだから）」

「えっとね、テレパシーって知ってますか？」

「テレパシー?……言葉としては、何となくは聞いたことあるけど」

「ざっくり説明すると、遠くの人とか、見えない人とかと言葉を使わずに意志の疎通(話し)をすることをテレパシーっていうんですけどね、
私、それが出来るんですよね」

「テレパシーで?誰と?話を?するの? お化け?じゃないんでしょ?

あと誰がいるの?」

「え~~っと、宇宙人……かな……」

「はい? 宇宙人?……かな?…… 宇宙人?宇宙人? 」

「そ、宇宙人!」

「宇宙人。……宇宙人って……いるの?」

「いるんです」

「マジで!」

「はい。マジでいるんですよ」

目まいがした。やっぱりこの人は、おかしな人だったのか? 信じた私がバカなのか?

「信じられないですよね……」

「はい……ま、そんなには、……」

「ですよね、じゃあ、直接話してみますか?」

「え?、直接?どうやって? 俺、テレパシーなんて出来ないし……」

「あ、私が通訳しますから……そう、通訳をはさんで外国人と話をするみたいに思ってください。いいですか？やってみます？」

「…………んじゃ、お言葉に甘えてちょっとだけ……」


ここでは何を話したかは言えない……言いたくても言えない、というか言わない……でも、信じざるを得ない出来事だった、とだけはお伝えしておこう。


そして、この宇宙人との初めて会話が、私にとっては決定的な出来事だった。

面白い……とにかく、むちゃくちゃ面白い……もっと、もっともっと、この宇宙人の話が聞きたい……とにかく、私のすべてを打ち破る話なのである。

今まで当たり前だと信じ込んでいた……私の中の常識、倫理、道徳、科学的根拠、宗教的な概念、お金というもの……すべてが打ち壊された……実に「破・常識」なのである。

もちろん、普通に考えればありえない事ばかりである……でも、どこかでそれが真実だと、私の胸の中にストンと落ちるのだ。根拠は何もない……でも真実だとわかる。

それでいい……と私は思った。この宇宙人の話を信じようと。

そして、この宇宙人の教えてくれることを、誰かそれを必要としている人に伝えたい……と心から思い、私は、それをすることを決めたのだ。

こうして、私は劇団を退団し、ミナミと二人でサロンを始めることにした。

これが、「破・常識あつし」の出来上がりなのである。


忘れていたが、ミナミとテレパシーで話をしている宇宙人は二人いる。

それが、アシュタールと、さくやさんと私たちが呼んでいる二人の宇宙人なのだ。

そう、このアシュタールが、ミナミAアシュタールのアシュタールである。

さくやさんは、申し訳ないが、名前の中には入っていない……

強いていうなら、Aの中にいる……かな？さくやさん、申し訳ないです。

でも、ミナミさくやAアシュタール、……では長すぎて、落語の寿限無のようになってしまうから、そこの所は、ひとつお含み置きいただければ嬉しいです。

まぁ、名前など宇宙人にとっては全く関係ないものらしく、私たち地球人が呼ぶ？認識する？ために、私たちが勝手につけさせてもらっただけのことだから、気にしなくていいよ……とさくやさんは言ってくれている……らしい。


実は、私は役者になろうと思う前は、学校の先生になりたかった。

それも、歴史が大好きだったから、社会の先生になりたくて、大学は教育学部を選んだのである。ただ、学校がつまらなくて一年でやめ、役者になるために上京したのだが。

でも、やっぱりまだ歴史が好き、それも日本史が大好き。

そして、さくやさんから聞く歴史が本当に面白い。聞けば聞くほど、学校で教えられた歴史に感じていた違和感や疑問が解けていく……
やっぱり、教えられてきた歴史はウソばっかりだったのだと確信した。
だから、この本を書くことに決めたのだ。
歴史の真実がわかれば、今のこの社会がどうしてこんなに腐ってしまったのかがわかる、
そして腐りきったこの社会の、腐った原因がわかれば、
新しく気持ちのいい社会を創りなおすことが出来るんじゃないか？
そう思って、さくやさんに真実の歴史を教えてもらうことにしたのである。
歴史に関しては、アシュタールよりもさくやさんの方が詳しいので、
この本では主にさくやさんに登場してもらうことになる。

第一章　刷り込まれた勝者の歴史

「今のあなた達が教えられてる歴史ってね、真実ではないの。今の教育で教えられてる歴史は、勝者の歴史だってこと」

「勝者の歴史？」

「そう、勝者側の都合のいいように作られた歴史だってことね。たとえばね、わかりやすいのが、アメリカインディアンの話よね。アメリカインディアンについてどう思ってる？」

「アメリカインディアンっていうと、西部の開拓者を襲う野蛮な民族っていうイメージが強いかな」

「教科書では、どう教えられた？」

「アメリカ大陸に勇敢な人々が開拓者として移民してきて、原野で人も住めないような土地を苦労して耕し、今の豊かで自由の国を創ったアメリカの祖先達を目の敵にして、夜襲を繰り返し、幌馬車を襲い、開拓を困らせた原始的な民族。卑怯で残忍で、女子供でさえ容赦なく殺していった……って感じかな？」

「本当にそう思ってる？」

「学校だけじゃなくて映画とかでも同じ事言ってるでしょ、……コロンブスが大陸を発見して、その大陸を目指して勇敢な西洋諸国の人達が移民を始めた……その人達が苦労して作り上げたのがアメリカ合衆国なんでしょ」

「自由の国アメリカバンザイ！ってね。完全に開拓者が良い人で、インディアンは凶暴な悪い部族だという物語になってしまってるけどね、ちょっと考えてみて……それって違う角度から見たらどうかしら？」

「違う角度って、どういうこと？」

「インディアンの方から、その歴史を見てみるってことよ」

「インディアンの方から歴史を見てみる……」

「そう、最初にその土地に住んでいたのは誰？」

「インディアン？」

「そうよね、彼らはずっと祖先から何代にもわたってそこで平和に暮らしてた。そこに突然知らない人達が来て、ここは自分達の土地だから出ていけ……と言われた。普通どうする？　ハイそうですか……って出ていくかしら？」

「そりゃ文句言うでしょ……」

「そ、だから文句を言ったの。そしたら暴力で追い出そうとされた。普通ならどうする？」

「そりゃ、自分達も戦うよね」

「そうでしょ……ケンカを売ったのはどっち？　普通に考えてどちらの方が

理不尽なことをしてると思う？」
「移住者たち？」
「ね、インディアンの方から歴史を見れば、まったく逆のものになるでしょ。
それが、勝者側の歴史だってこと。
勝った方は自分達の都合のいいように事実を捻じ曲げる。
自分達がどんなに理不尽で酷い事をしたかを知られないようにするために、
負けたほうを悪者として作り上げ、自分達の正当性を主張するの。
負けたほうを徹底的に悪者にすることで、その人達に対して憎悪の気持ちを持たせるの。
そんな人、酷い人達なら殺されても仕方ないね……と人々を納得させるために、
悪者にする物語をたくさん作り上げる。
奇襲をしたり、女子供まで容赦なく虐殺していたのは、インディアンではなく、
実は移住者達だったのよ。その土地には先住民がいることを知った上で、
最初から土地を奪うつもりで移住してきてるんだから武器も用意してるし、
屈強な兵士達もたくさんいた。
だから、安心して平和に暮らしてたインディアンが戦っても勝てる訳ないのよ」
「勝者の作った歴史ねぇ〜〜そういうことか、
そう言われてみれば確かに後から来た人間が、先住民を追い出したって言われたほうが
理が叶ってて事実だと思えるよね」

「事実は事実であったのよ……でもそれをどの角度で見るかで、まったく違う物語になってくるってこと。そして、その勝者側に都合のいい角度で書かれた物語が、真実として子供達に教えられていく。

そのうちにそれが真実の歴史だと思い込んでしまうってことになっていくの。

そんな捻じ曲げられた歴史をいくら勉強しても研究しても、
真実にはたどり着けないってことなのよね」

「そんな歴史いっぱいあるんだろうなぁ～～」

「そうね、さっきも言ったけど、今の学校で教えられてる歴史は、みんな勝者の側が作りあげた物語。真実とはかけ離れたものだということ」

「日本でもあるんだろうな……」


「一番近いところでは、明治維新ね」

「明治維新……」

「明治維新って、どう習った？」

「文明開化？　鎖国して、封建制度で身分差別があり、庶民には自由がまったくなかった酷い政治をしていた江戸幕府が倒れ、鎖国をやめたおかげで外国から新しい文化が流れ込み、自由な民主主義の国家が出来た素晴らしい出来事……って感じかな」

「そうよね、そう教えないと明治維新バンザイにならないからね。

江戸は悪い時代で、明治からは良い時代、良い国が出来た……

それってインディアンを悪者にして移住者がしたことを覆い隠す方法と同じじゃない？

明治維新を素晴らしいことだと思わせるためにね
「明治維新は、日本が文明国として世界に躍り出ることが出来た素晴らしい出来事じゃないってこと？」

「明治維新は、一握りの人が良い思いをするために画策したクーデター。自分達の利益のために無理やり国を開き、外国を呼び寄せ、外国に国を売った人がいるってこと」

「でも、西洋文明が入って来て、資本主義になって経済も発展し、人々の暮らしは豊かになったよね」


「そうかしら？　明治維新後、何が起きた？」

「何が……何だろう……」

「江戸時代二百六十年間なかったこと……」

「戦争？」

「そう、江戸時代は戦争がなく、平和で人々も安心して豊かに暮らしてたわ。そうじゃなきゃ二百六十年も続かないでしょ。封建制度で、人々は苦しい生活を余儀なくされていたって言われてるけど、いくらおとなしい人々でも、そんな酷い幕府なら二百六十年も黙って耐えていないわよ。おまけに、世界でも素晴らしいとされている江戸文化なんて栄える訳ないでしょ？

あの文化が栄えたのは人々が心も経済的にも余裕があったからなの。

そしてね、西洋的な機械はなかったけど、素晴らしい技術はあったわ。

クギを一本も使わずに橋や建物を建てることが出来た……これって高い技術がなければ、すごい知識がなければ出来ないことでしょ。今のあなた達の技術と知識を以ってしても、同じ物を造ることは出来ないでしょ。それだけ平和で豊かな国だったってこと。

で、開国してからは戦争ばかりが続き、資本主義という名のもと貧富の差がどんどん大きくなっていったわ。それが素晴らしい出来事なのかしら？」

「そう言われてしまえば、そんな気もするけど……でも、江戸とは違う近代的な文明は栄えたよね。それはそれで素晴らしい文明じゃないのかなぁ～～」

「近代的な文明……それは西洋の文化に組み込まれたってことよね。

江戸には独自の文化があって、十分に成り立っていた。何も不自由なことはなかったのよ。

それが、明治維新で開国してからは、どんどん西洋文明が入って来て、
西洋文明最高、西洋文明礼賛、どんどん西洋に追いつけと言われ、
江戸の人々の文明は遅れたもの、ダメなもの、原始的なものとして軽視して
西洋の文明だけを良いものとして受け入れた。

金融も、教育制度も、生活様式も全部西洋のものと入れ替わっていった。

これは、意図的に西洋文明を取り入れることで西洋に飲み込まれてしまったってことでしょ。今のあなた達の生活は、すべてここから始まってる……六歳になったら学校に行くことも、銀行の仕組みも、会社の仕組みも、すべて西洋のやり方に変わってしまった。

そして究極が、戦争。どうして西洋の文明は戦争ばかりしてるかわかる？

戦争が儲かるから。戦争をすればお金が儲かるから……だから欧米人達は日本も西洋に組み込み、たくさん戦争が出来る国にしたかった。それを手伝った人達が日本にもいて、日本の中からドアを開き、欧米に日本を売り渡したの」

「日本を売り渡した人って誰なの？」

「それが明治維新の立役者と言われる人達……

長州ファイブとか言われてる人達いるでしょ。素晴らしい功績があると……

その人達のおかげで日本は近代国家になれた、と言われてる人達……

その人達がしたことは、日本を外国に売り渡したってことなの。

ある意味、日本を西洋の属国にしてしまったってことなの」

「何でそんなことをする必要があるの？　同じ日本人なのに、日本を売り渡すことなんて出来る訳ないじゃない。そんなのおかしいよ」

「彼らはね、江戸の頃は日の当たる所に出られなかったの、幕府がしっかりとしてたから。

でも、どうしても権力が欲しかった。日の当たる所に出て、

自分達の存在を思い知らせたかった。

だから、日本を売り渡してでも権力を手にすることを選んだの。だから、明治維新は、一握りの人達のクーデターだと言ったの」

「権力……」

「日本を自分達の手で支配したかったのね。そして、今もそれが続いてる。ちょっと調べればわかると思うけど……今の日本の社会の中枢にいる人達が、そのクーデターを起こした人達の子孫でしょ。同じ地域から何人も国のトップ(総理大臣)が出てるし、政府の高官や政治家達は、ほとんどみんな親戚だってこと。そしてね、明治維新の時に欧米の力を借りたものだから、そして、その地域の人達、親戚一同が常に政府のトップにいて権力を行使できる地位につき続けるために、欧米には逆らえなくなってしまった。だから、欧米の指示のもと何度も戦争を繰り返してきたの、欧米にお金を儲けさせるためにね」

「今もそれが続いてるって、でも日本は独立国としてしっかりと立ってるよ。西洋の属国ではないよね」

「そうかしら？　じゃあどうしてそんなに税金ばかり払ってるのに、いつもいつも政府はお金がないって言うのかしら？」

「国の運営にはお金がかかるから？」

「ちゃんと運営していたらそんなにお金は必要ないわ。日本の税金を他の国に差し出してるからなのよ。調べればわかるわ。特にアメリカにはたくさん差し出してる。

それは、明治維新からの流れがあるから……

自分達の地位を守るために国民の税金を差し出しているのよ。

そして、今また始めようとしているのが戦争ね……

彼らのために日本をまた戦争に駆り出そうとしている。

そして、たくさんの外国人達（移民）を受け入れようとしているの……

だから、あなたがぼやいていたように、
こんなに急に外国人達が日本にいるようになったのよ」

「確かに、なんか戦争がしたくて仕方がないようには思えるな。不自然としか思えない、いろんな、きな臭いことも起きてるし。でも、移民はよくわからないな。

どうして移民？　外国人をたくさん入れる必要があるの？」

「その話はね、もっと時代をさかのぼって話をしないと理解出来ないと思うわ」

「時代をさかのぼるって……どの辺の話なの？」

「そうね、縄文時代かしら？」

「縄文？……て、……またずいぶん昔の話に行くねぇ～～」

「縄文の頃のことが理解できないと、どうして外国人がたくさん移住して来てるかが理解できないから」

「縄文時代って……学校ではそんなに教えてもらってないんだけど、でも原始的な時代だったんでしょ？」

「そうよね、そう教えるしかないわよね」

「どういうこと？」

「次の弥生時代を良い時代だと思わせるためにね」

「えっ？　弥生時代を良い時代だと思わせるためって？　どういうこと？」

「だから、明治維新と同じだってことよ。縄文時代の人々の生活って、学校でどういう風に習った？」

「ほとんど原始的な生活で、狩猟、漁猟、採集、で生きてた。そうそう、貝をいっぱい食べてたらしいよね……だからいっぱい貝塚が残ってる。あと矢じりとか作って獲物を獲って食べてた。縄文の頃の情報はそのくらいかな……」

「そうでしょ、そして、そんな原始的な縄文時代から、弥生時代になって良い文明が始まった……ってね。どう、明治維新と同じでしょ？」

「だって、それが真実でしょ？　明治維新とは違うと思うけど……縄文時代には稲作もなくて、その日獲れたものを食べる、その日暮らしだったけど、弥生になってから稲作が始まったおかげで、食べ物を保存することが出来て、人々は豊かに安心して暮らせるようになったんだから、すごく進歩したんじゃないの？」

「縄文土器って見たことある？」

「教科書の写真で見たことはあるけど……」

「じゃあ、弥生式土器は？」

「それも、教科書でちょっとだけ見たけど……」

「たぶん縄文の土器と、弥生の土器、二つ同じ所に掲載されてたと思うけど、その二つの土器を見てどう思った？」

「縄文の土器は派手だなって（笑）」

「それだけ？　弥生土器と比べて何も感じなかったの？」

「大分雰囲気は違うなとは思ったけど……」

「で、教科書では、縄文時代の土器より弥生式の土器の方が優れてるって書いてなかった？」

「そうそう、そう書いてあった。弥生式土器の方が優れているって」

「写真見てホントにそう思った？　縄文の土器はあなたも言ったように派手でたくさんの装飾がされてるわよね。でも、弥生式土器はそんな装飾はないわ。どっちの方が技術的に難しいかしら？」

「でも、縄文の土器は祭儀用で実用的ではなく、もろくてすぐに壊れるけど、弥生の土器は日常で使えるほど強くて頑丈だって……だから、弥生の土器の方が優れてるって聞いたよ」

「でも、そんなに弱くてもろい土器がどうしてそんなにほとんど現状の形のまま残ってるのかしら？　そんなにもろい土器なら、土の中に長い間埋もれていたら形もなく壊れてしまうわよね。

そして、その日暮らしでほとんど文明などという生活からほど遠い原始的な人々が、そんな手の込んだ装飾を施した土器を作れるのか？って考えたことある？」

「……ない……かな……」

「教科書に書いてあるから？……それが真実だって？？」

「教科書通りに覚えないと、試験で困るからね……

俺もちょっとおかしいなとは思ってたんだけどね……」


「縄文時代は、原始時代じゃないの。すごく高いテクノロジーを持ってたわ。

だからあれだけの土器を焼くことが出来たの。あの土器はすごく高温で短時間で焼かないと出来ないの。それだけの技術を持ってた時代なのよ」

「じゃあ、どうしてそんなテクノロジーがあったのに、弥生時代に変わったの？

弥生より縄文の方が優れた時代なら、そのまま続くんじゃないの？

どうして弥生時代になったの？」

「そこが、移民の問題に関わってくるの」

「どうして？　だいたい移民ってどこから来たの？」

「まずね、縄文の文明はとても平和だったたってことを覚えておいてね。
どうしてかというと、所有という概念を持たなかったから。地球にあるものすべてが、
みんなの物だという考え方だったの。それは共有ということではなくて、
すべて地球に与えられてる、もらっていると考えてた。
みんな平等に必要なものは、必要な時に、必要なだけ手に入れることが出来ると信じてた。
だから食べ物を保存するとか、稲作のように自分で作るという考えがなかったの。
でも、そうだから何かを誰かと取り合うなんてことも考えつかないくらい
平和に暮らしてたの。だから、一万年以上も続いたのよ。
そこに少しずつ大陸から移民が入って来るようになった……
そして、縄文の終わり頃に大勢の移民が日本列島に渡って来たの。
そこから弥生時代が始まったたってわけ」
「でも、そんなにたくさんの人達が移住して来たら、いくら平和な縄文の人々も
抵抗するでしょ？　インディアンみたいに……」
「そこが、縄文なのよ。さっきも言ったけど、彼らには所有の概念がなかった。
だから、どんな人達が来ても、それはウエルカムなの。だって、自分たちの土地なんて
いう考え方がないから、みんなで一緒に暮らしましょうってなるでしょ」
「そうか!自分たちの土地という考え方がなければそうなるよね」

「そうこうしているうちに、移住してきた人達が縄文の人々を排除し始めたの」

「どうして？　一緒に暮らせばいいんじゃないの？」

「それよね……でもね、縄文の子たちと移住してきた人達の考え方が
まるで違っていたの。決定的に違ったのは、所有という概念。

縄文の子たちは土地はみんなのもの、地球から借りているもの……という考え方。

移住してきた人達の考え方は、土地は所有するもの。

だから、ぼやぼやしているうちに、どんどん土地を奪われ追い出されていった。

そして、北と南に追いやられてしまって、縄文時代は終わり、弥生時代が始まった」

「それが、弥生時代の始まりだってことなのか……

じゃあ、今の日本人は、その大陸から渡って来た人達の子孫ってことになるの？」

「そうなるわね、純粋な縄文の子たちは、ほとんど排除されちゃったから……」

「そうなのかぁ、なんか複雑な気分」

「まぁ、厳密にいえば、今の日本人は、縄文の子と大陸から渡ってきた人達のハーフ、
半分じゃないからハーフじゃないけど、でも縄文の子たちの遺伝子は入ってるわ。

でね、その弥生人達が、自分達が縄文人たちにしたことを隠すために、
明治維新と同じように、アメリカインディアンと同じように、
移住してきた弥生人達の都合の良い歴史物語が伝えられてきたってことなのよね」

「…………………………」

「その後の日本列島の話になるけど……所有の概念を持つ人達は土地を取り合うことになるでしょ……それがずっと続いていくの……土地をたくさん持ってる人が権力も持つことになる……だから、権力争いの時代が続く。

権力者が変わるごとに時代の名前も変わる……弥生から古墳（飛鳥）、奈良、平安、鎌倉、南北朝、室町、戦国時代……ってね。

これは、ずっと争いの歴史……その頂点が戦国時代。

もうあっちこっちで土地の取り合い合戦ね。

そこに生まれてきたのが、織田信長君。

この子が生まれき来たおかげで、戦乱の世が終わって平和な江戸時代が始まるの」

「織田信長が？　でも、この人は途中で殺されてしまったから、この人が戦乱を終わらせたわけじゃないよね。戦乱の世を平定して、江戸幕府を作ったのは徳川家康でしょ？」

「厳密にいえばそうとも言えるけど、でも、その計画を作ったのは織田信長君なのよ」

「え？え？え？、ちょっと待ってよ……その計画って何？」

「そうねぇ～～、その計画を名付けてみれば……

みんなで戦乱を終わらせ平和な国を創ろう大作戦！って感じかしら（笑）」

「もう訳がわからないんだけど……だいたい、みんなって誰よ」

「中心的に動いたのは、信長君と秀吉君と家康君……あと何名かいたけどね」

「ちょっと待って、その人達戦ったんだよ……なんで一緒に創ろう大作戦！なんだよ？まったく意味がわからない」

「まぁ、後からゆっくり説明するけどね……その三人は言ってみればグルだったってこと。お互い争ってる形を取りながら、同じ目的のために動いていたの。仲間だったのよ。ざっくり話をするとね、まず信長君が先陣を切ってある程度みんなを静める……そして、その後に秀吉君が日本を統一する……

家康君は秀吉君をサポートする……っていう作戦。

途中でちょっと秀吉君が違う方向へ行っちゃったから、急きょ作戦を変更して、家康君が前面に出て江戸幕府を開くことになったのよ」


「その作戦の目的って……言っても、結局今までの権力者と同じように、自分達が権力を握って日本を支配したかっただけじゃない。それまでの時代と何も変わらないよね」

「そうじゃないのよ、あの子たちが創りたかったのは、縄文の頃のような日本なの。争いのない、平和で、人々が豊かで笑っていられる国……それを創りたかったの。権力が欲しくて平定したかった訳じゃないの……だから、鎖国をしたの。縄文の頃のようにならないために……日本だけの文化を大切にしようとしたの。

だから二百六十年も平和で豊かな文化が育ち、花開くことが出来たの」

「それを、中からあけて外国に売り渡した人がいた……そこから明治維新が始まった？」

「そういうことね」

「でもね、さっきから聞いてると、なんか日本人は良いけど、外国人は悪い……的な、結構な選民思想に感じるんだよね。外国人が入ってくると日本は悪くなる……外国人は排除しよう……みたいな。それって、なんかイヤだな」

「そうよね、今までの説明だとそう感じるわよね……わかるわよ。

でもね、それは日本人が良くて、外国人が悪いっていう選民的な思想じゃなくて、考え方がまったく違うってことなの。

縄文の子たちと弥生人の考え方がまったく違ったのと同じね。

もっと言っちゃうとね、外国の人達は、日本列島に住む人々が嫌いなの……

ここが大事なんだけどね、日本人が嫌いなんじゃなくて、

〝日本列島に住む人々〟が、嫌いなの。

だから日本列島に住む人々をいつも支配して、自分達の都合の良いようにしようとするの。

だから、信長君も日本列島に外国人を入れないように鎖国したの。

外国人より日本列島に住む人々が偉いという選民思想じゃなくて、自分達を守るためにね」

「自分達を守るために？　まったくさっぱりわからないんだけど……」

「どうしてそういう話になるのかを説明するためにはね、もっと時代をさかのぼらないとね」

「また、さかのぼるの？　縄文時代の前の時代っていったいどこよ？　今度はどこまでさかのぼるの？」


「そうね、アトランティスとムーの頃かしらね」

「アトランティスとムー……って……」

そんなの伝説の文明で、ホントにあったかどうかもわからないよね
「あったのよ……それも同時に存在していた文明なの」

「アトランティスはまだなんとなくあるとは思うけど、ムーって、ただの大陸の名前で文明があったなんて誰も言ってないよ」

「じゃあ、レムリア文明っていうのは聞いたことはない？」

「レムリア文明……それならちょっと聞いたことはあるかな……」

「そのレムリア文明って呼ばれているのが、私が言ってるムーなの」

「もうほとんど俺の理解の範囲を超えてるけど……で、そのアトランティスとムー？　レムリア？　と、外国と日本列島とどういう関係があるの？」

「またまた突然だけど……私は誰でしょう？」

「イヤ、急にそんなこと聞かれても……」

「あなたは、誰と話をしてる？」

「さくやさん？」

「そう、で、私は何者？」

「……宇宙人？……」

「そう、私は宇宙人……ここまでは大丈夫？」

「そこまでは、何とか……大丈夫かと……」

「じゃあ、宇宙人はいる……って言うことまでは大丈夫だということで、話を進めるわよ」

「まぁ、うん……」


「あなた達人間にも種族がたくさんいるわね？」

「種族？　人種ってこと？」

「そう、白い肌の人、黄色めの人、黒い人、赤っぽい人、……いろんな種族がいるわよね」

「いる……よね」

「それと同じように、宇宙人にもいろんな種族がいるの」

「宇宙人の種族？」

「まぁ、姿形の違いね……それと、考え方の違い……考え方の違いの方が厄介なんだけど」

「で、その宇宙種族がどうしたの？」

「昔から、地球にね、というより人類に関わってる宇宙人が何種族かいるの」

「人類に関わってる宇宙人？……イヤイヤもうほとんどＳＦの世界だね……

小説の中の話みたい」

「それでいいわ、小説の中の話として聞いてもらっていいわ……
これからもっとＳＦみたいな話になっていくから（笑）
今から話すことは、あなたの知ってる情報、知識とはまったく違うものだから
驚くかもしれないけど、事実だから伝えるわね。
これがわからないと真実の歴史がわからなくなるから」
「がんばり、ます。」
「頑張らなくていいから、ＳＦの小説を楽しむ感じでいいから（笑）
宇宙種族の話まで行ったのよね……人類に関与してる宇宙人は何種族かいるんだけど、
大きく関わってるのが爬虫類人と呼ばれてる種族なの」

「爬虫類人ねぇ………」

「ＳＦでいいから（笑）」

「その爬虫類人、レプティリアンとも呼ばれてるんだけど、

そのレプティリアンが創った文明がアトランティス文明なのよ。あ、誤解しないでね。レプティリアンのすべてじゃなくて、一部のレプティリアンね。日本人にもいろいろな考え方の人がいるでしょ。レプティリアンもそう。だからここで文明に関与したのは一部のレプティリアンだということは言っておくわね」

「宇宙人が創った文明？　人類じゃなくて？」

「そう、宇宙人が創った文明なの。そしてね、私たちは水棲龍族……ドラコニアンと呼ばれる宇宙種族……そして私たちが創ったのがレムリア文明。この二つの文明が欧米の文明と日本列島で出来た文明に大きく影響してるの」

「もしかして、そのレプティリアンとさくやさんたちドラコニアンが仲が悪くて、ケンカしてたとか？　領土の取り合いをしてたとか？　だから、いまも日本と外国（欧米的な対立関係があるとか？　だから日本列島に外国人を入れることを拒否してるとか？」

「そんなんじゃないわ、ケンカとかじゃなくて、考え方がまったく違ってるだけなの。どこから話そうかしらね……もともとは、地球にはアトランティス文明しかなかったの。このアトランティス文明がね、人間達にはなかなかツライ文明でね……」

「なかなかツライ文明って？　文明に楽しい文明、ツライ文明ってあるの？文明なんて自然に出来るものでしょ。わざわざツライ文明なんて創らないよね。

そんなのありえないよね」

「人間が創った文明じゃないから……さっきも言ったけど、アトランティス文明は宇宙人が自分達のために創った文明なの。だから、人間達のことは二の次っていうか、全然考えてない文明だったの。そうね、はっきり言ってしまえば、レプティリアン達が楽しく暮らすことが出来るように人間達を使役してたってこと。人間達に労働をさせて、いろんな物を搾取してた。そういう文明、社会だったの。

そして、あまりのツラさに逃げ出した人々がいたの……

その人々を助けて私たちが創ったのが、レムリア文明だということ」


「そんなことをしたら、レプティリアンとドラコニアンは仲が悪くなるでしょ。ケンカになるでしょ？　だから、お互いの文明で争い合ってたってこと？

それが今でも続いてるってこと？　宇宙人のケンカに人間が巻き込まれてるって感じ？」

「違うのよ、もともと私たちドラコニアンとレプティリアンは考え方がまったく違ったの。まったく逆の考え方をしてるの。だから本当なら、私たちは彼らとは関わらないんだけど、この時ばかりは関わらざるを得なかったの」

「どうして？」

「地球に頼まれたから……」

またまた来たぁ〜〜、今度は地球かよ〜〜、宇宙人の次は、地球かよ〜〜、
その上に地球がしゃべるってか？　俺、今、妄想で誰かとしゃべってる？
勝手に自分で宇宙人とか創りだしてしゃべってるつもりになってる？？
いや、実際に話をしてるのはミナミだから、ミナミの妄想か？
ミナミがすべて妄想で話を創ってるのか？　わけがわからねぇ〜〜。
でも、待てよ……初めてさくやさんと話をした時、俺、納得したよね。
納得せざるを得ない状況だったよね……ミナミの妄想では片付かない話だったよね……
じゃあ、レプティリアンだの、ドラコニアンだの、アトランティスだの、ムーだの、
って話はマジってこと？　マジかよ〜〜

「（笑）もういいかしら？　話を続ける？それとも、もうやめる？」

「わかった、わかった、とにかく地球がしゃべって、
さくやさんに頼んだのね？（もうやけくそだよ）……で、なんて頼んだの？」

「私たちは地球のことをテラって呼んでるんだけどね……テラにも意識や感情はあるの。

それは、私たちやあなた達と同じ。ただ、テラの言葉があなた達に理解出来ないだけなの。

言葉というより、テラはテレパシーで話をするから、
それをあなたが受け取れないだけなんだけどね。
だから、テラもツラくなっちゃったのよ……だって自分の上で人間たちがツライ、ツライ、
しんどい、しんどい……って思ってるでしょ。それはテレパシーとして伝わってくるの。
そして、そのツラさをテラも共振して苦しくて仕方がなくなったの。
で、私たちに何とかして欲しいって言ってきたのよ」
「人間が思ってること、テラも感じるの？」
「そう、共振するっていうことね、あなたもあるでしょ？　友達とか家族が泣いてたり、
怒ってたりしたら、同じように悲しくなったり、腹がたったりすることが……
それも共振なのよ」
「あ～、あるある……」
「そんな感じかしらね、テラの表面にいるってことは、テラと一緒にいるってことだから。
そして、ちょうどその頃に、そのアトランティスの社会から逃げ出した人々がいたの。
どこに行っていいかわからなくて困っていた子たちを見つけて、
アトランティスの社会とは違うところに連れて行ったの……それがムー。
私たちはね、レプティリアンとはまったく違う考え方をしていて、
人間を友達だと思ってるの」

「レプティリアン達は、人間を奴隷みたいに考えてた？」

「そう、でも私たちはそんな考え方を持ってないから、誰か自分以外を支配・コントロールするっていうのは、自由への介入になると考えてるからそんなことはしない。

だからムーの文明、社会は、ムーの子たちが創ったの。自由に好きなようにね。

私たちは、その場所を提供しただけ」

「それなら楽しそうだね」

「そうね、とても楽しい文明が出来たわ……みんな笑ってたし……みんな仲良かったわ。

そういうムーの子たちの楽しさがテラにも伝わって、テラもだいぶ楽になったのよ。

でもね、それが気に入らない人達がいた……

そう、レプティリアン達、そしてアトランティスの人達。

そうよね、レプティリアン達は逃げ出した人々を良い思いで見るわけないし、アトランティスの人達は、自分達がこんなに苦しい生活をしてるのに、ムーの人々は楽しそうにしてる……気に入らないわよね」

「そりゃそうだわ……苦しい生活をしてる人から見れば腹が立つよね」

「で、アトランティスの人達は、ムーを攻撃し始めたの」

「そんなぁ、高いテクノロジーを持ってるレプティリアン達に攻撃されたら、ムーの人々はひとたまりもないでしょ？」

「でもムーの文明には直接関与してないとは言っても、一応私たちもいるからね……
いや、私たちは攻撃とかはしないわよ、でも、レプティリアンとは同じくらいの
テクノロジーは持ってるから、彼らも直接的に手を出しづらい状況ではあったの、
だから、レプティリアンが直接攻撃してくることはなかったの。
そうね、まぁ攻撃といっても、アトランティスの人達が、
チマチマ意地悪してくるくらいだったわ（苦笑）。

でもね、あるとき、笑えないことが起きたの」

「何？　どうしたの？」


「ムーをいつか攻撃しようと思って、アトランティスの人達は、武器を開発してたのよ。

その開発中に間違って、その武器をテラに放射してしまったの」

「テラは？　どうなったの？」

「ものすごい衝撃を受けて、その影響でボンって膨らんじゃったの。

ポップコーンみたいにね。それから、グルグル回り始めてしまったの。

膨らんだ影響で、土地は割れるし、グルグル回ったために大きな洪水が起きた。

テラの表面にいる生物たちはそれこそひとたまりもなかったわ。

アトランティスの人達も、ムーの子たちも、ほとんどが死んだわ」

「だろうね……」

「でもね、そんな中、何とかムーの子たちを百人ほど救出することが出来たの。私たちはその子たちを、安全なところに避難させたの」

「レプティリアンは？　どうしたの？」

「さっさと逃げちゃった（笑）」

「アトランティスの人達を放っといて……

そりゃそうか、ただの使役のための人間だもんな。で、テラはどうなったの？」

「しばらくグルグル回ってたけど、やっと何とか止めることが出来たの。

そして、ずいぶんかかったけど、何とかヒーリングすることが出来て、
また前のテラのようにいろんな植物や動物たちが生まれて賑やかになってきた時にね
……」

「なった時に……」

「また、レプティリンアン達が戻って来たのよ……」

「またぁ～～？　だって、逃げてどこかに行ったんでしょ？」


「やっぱりテラが良かったみたいよ……人間達も使いやすかったみたい」

「使いやすかったって……聞けば聞くほど腹が立つなぁ～～もう」

「まぁ、良い悪いじゃなくて考え方の違いだから仕方ないわね」

「そうなの？　して良いことと悪いことってあるでしょ？　人間を奴隷みたいに使うなんてしてはいけないことじゃないの？」

「まぁ、その話になるとすごく難しくなるから今はやめとくけど、宇宙にはあなた達の常識とか、善悪の判断とかはないの。こちらから見たら酷いと思うけど、あちらから見たら正しいと思うこともあるでしょ。だから、一概にこれが正義でこれが悪……という判断はないのよ。イヤなら関わらなきゃいいんだからっていうことなのね」

「何かわからないけど、そうなんだ……じゃあ、レプティリアンを止める人もいないってこと？　してることは悪いことだよ、止めなさい……って言う人はいないの？」

「私たちも一応話はするわよ……でも、強制的にやめさせることは出来ないわ、それは自由への介入になってしまうから。もし、レプティリアンの社会がイヤなら、ムーの人々みたいに自分で出る、離れるしかないの」

「ふ～～ん。わかったような、わからないような……で、その戻って来たレプティリアン達はどうしたの？」

「また、同じような文明を創り始めた。それが、シュメール文明から始まって、エジプト文明、メソポタミア文明、インダス文明、黄河文明などといわれる文明なの。その文明の社会システムが今もなお、西洋社会として続いてるってわけ」

「アトランティスから今までつながってるんだ……」


「そしてね、また同じことが起きたのよ……歴史は繰り返すってこと」

「またテラが苦しくなった？」

「そう、よくわかったわね」

「わかるよ、そのくらい……で、またテラに助けを求められた……ってことね」

「そう、でももうその頃にはテラの表面はほとんどがアトランティスのような文明ばかりになってたの。そしてね、もっと困ったのがムーの人々のように、その社会から離れたいと思う人達がいなかった。

どうしようかとずいぶん考えてね……そしてまたムーの人々にお願いすることにしたの」


「ムーの人々って、生きてたの？」

「テラの大惨事のときに百人ほど救出して安全なところに避難させることが出来たって言ったでしょ……その人々の子孫たちがまだそこにいたの。その彼らに、申し訳ないけどテラの表面でもう一度生活してもらえないかしら？……って。」

「ＯＫしたの？」

「気持ちよくＯＫしてくれたんだけどね、今度は場所が問題になった。

テラの表面上はほとんどがアトランティス状態よね……その中でまたムーのような文明を

創るのは至難の業だわ。でもね、テラの表面を探していたら、彼らの文明から遠く離れた所に小さな島を見つけたの。それが今、日本列島と呼ばれてるところ。そこなら海で囲まれてるし、大陸からも離れてる……そして小さいから目立たないしね。だから、この日本列島でムーの子孫たちに暮らしてもらうことにしたのよ」

「それが、縄文の人々になった？」

「そう、縄文の子たちは、ムーの平和な文明を受け継ぐ人々なの。ムーの人々の考え方を受け継ぎ、平和な文明を創っていったのよ。そうして一万年以上争いのない社会が続いたわ」

「でも、その後大陸からたくさんの人達が移住してきて、縄文の人々は追いやられてしまったんでしょ。その後は、戦乱の世の中で、やっと江戸時代が出来て少し平和になったのに、また明治維新で日本は混乱の中に叩き込まれた……結局、どうやってもそのムーの人々はやられてしまうんじゃないの？さくやさんは、歴史は繰り返すって言うけど、じゃあ、この後もまた日本に住む俺達は、外国からの勢力に追いやられてしまって、行く所が無くなってしまうってこと？だから今また外国人がどんどん日本に来ているってことになるんでしょ？

そんなの、絶望しかないじゃない。日本人は、結局いつも悲劇で終わってしまうんじゃ、希望も何も無くなってしまうよね。俺達にさくやさんは、諦めろっていう意味で、この歴史を教えてくれてるの？　そんなのいらないよ。そんなんなら真実の歴史なんて知らなくて結構だよ」

「まぁ、落ち着きなさいって……私も諦めさせるために話をしてるんじゃないんだから」

「じゃあ、何か方法があるってことなの？」

「そう、でもそのためには真実の歴史を知らないとダメなのよ。だから、ちょっとイヤな話だけど、今まであなたに伝えてきたの」

「どうすればいいの？」

「あなた達日本列島に住む人々が消えればいいの……」

「ちょっと待ってよ……まったく意味がわからないよ……消えるって？　消滅するってこと？　何、すごく酷いことをサクッと言っちゃってるの。なんだかんだ言って、結局は駆逐されるってことなんだろ。絶滅危惧種かよ、俺たちは」

「話を勝手に先取りして、そんなにプンプン怒らないの。ちょっと冷静に話を聞いて」

「なんだよ」

「次元を変えて見えなくなるってことなのよ……次元を住み分けるってことなの……」

「は～、また意味不明のことを言い出したよ……次元を変えて見えなくなる？

今度はお化けかよ、死んでお化けになりゃ、そりゃ見えなくなるわな。

でもそれって結局ムーの人々や、縄文の人々みたいに駆逐されるってことでしょう？

日本人は、この世から消えるってことなんでしょ？」

「もう、そんなこと言ってないでしょ……聞きなさいってば。

いい、消えるっていうのはね、見えなくなる、
目の前からいなくなる……っていう意味なの。わかる？」

「まったくわからない」

「たとえばね、話が合わない人とは付き合わないでしょ？趣味が違っても合わないわよね。

プロレス会場には、プロレスが好きな人しかいないわよね。編み物教室には、編み物に
興味のある人しか参加しないわよね」

「そうだよね……」

「ということは、プロレスに興味がなくて、編み物教室に行く人は、
プロレスが好きな人からは見えない。でしょ？」

「見えない……まぁ、接触はないかな」

「そういうことなのよ」

「どういうことなのよ？」

「プロレス会場には、プロレスに興味がなくて、編み物が好きな人はいないってこと。そして、編み物に興味がなくて、プロレスが好きな人の現実の中には、プロレスに興味がなくて、編み物教室に行く人は存在しないってこと。わかる？」

「何となく……」


「編み物が好きな人をAさんとするわね。プロレスが好きな人をBさんとするわね。Aさんの現実にはBさんはいない……そうでしょ。Bさんの現実にもAさんは存在しない。そうよね。ということは、AさんとBさんは、お互いが見えないし、存在してることもわからない。AさんにとってBさんは、テラにいないのと同じことになるの。Bさんにとっても同じことよね。

まったく接触しないんだから……

自分の現実の中にいない人は、その人にとっては存在しない人だってこと。

テラにはたくさんの人が住んでるけど、すべての人を知ってるわけじゃないわよね。

あなたのまわりにいる人だけしか、あなたと接触のある人だけしか、
あなたの現実には存在していない、見えてない。

そして、あなたのまわりにいる人は、あなたと同じような考え方、趣味、価値観を持っている人だと言える……そうよね。

会社とかで、意見が合わないとか、考え方が違うとか、そりが合わないとか、ちょっとしたことはあるとは思うけど、その会社に興味を持って、その会社で働いているってことは、そこのところの考え方（その職業が好き、とか、この会社の雰囲気が好き、とか、ね）が似てるってことなの。

だから、あなたのまわりにいる、現実に存在する……ってこと。

でね、会社についての考え方だけが似てる場合は、会社だけの付き合いになるから、会社を離れればその人とは合わないわよね、休みの日にわざわざ会うこともないでしょ……ということは、休みのあなたの現実には存在しない。会社から出れば、あなたの目の前、現実から消えるってことになる。

それが、私が言ってる消えるってこと。理解出来た？」

「考え方が違う人とは合わない……考え方が違うと消える？」

「そう、だから、今、日本列島に住んでる人々も、〝今の日本列島〟から消えればいいのよ」

「ちょっと待って、日本列島はひとつしかないから、そんなの無理でしょ……物理的に」

「物理的にはね……ここからがまたＳＦみたいな話になるんだけどね……

日本列島はたくさんあるの」


「またまたぁ～～、もう、そんなこと有り得る訳ないじゃない。

そんなこと言ったらテラだってたくさんあることになるでしょ？　無い無い」

「あるんだって、テラもたくさんあるの。

これが、あなた達の知識では理解しにくいところなんだけどね……

あなたも波動とか、周波数とか、振動数とかいう言葉を聞いたことあるでしょ？」

「そう言えば、最近そんな言葉を耳にすることはあるけど……」

「その波動（振動数、周波数）が、カギになってくるの」

「まったく理解できない……」


「う～～んとね、テレビとか、ラジオとか、それぞれのチャンネルを持ってるわね。

ラジオがわかりやすいかしらね……ラジオはいくつもの番組を同時に放送してるでしょ。

でも、別に混線するわけじゃなく、聞きたい番組だけを聞くことが出来る。

その人が聞きたい番組を選んで、それに合わせてチューニングすれば、その番組が聞ける。

そして、興味のない番組は聞かないから、その人にとっては関係のない世界になる。無いのと同じ番組、無いのと同じ世界……そんな感じでイメージしてみて」

「そりゃ電波は物質じゃないから、可能だけど、日本列島は物質なんだからそんなの無理でしょ」

「物質もね、電波と同じように振動してるの。だから、その振動数によってたくさんの物質になることが出来る……」

「あ〜、もう無理、まったくわからない」

「そうね、この波動（振動数、周波数）がわからなければ、どれだけ歴史の話をしても理解出来ない……ただの妄想、ただの創り話、ただのつまらないSF小説になっちゃう……だから、ちょっと歴史からは離れるけど、波動の話をさせてね。もう歴史を繰り返さないためにね」

「歴史を繰り返さないために……波動の話……」

あ、ちょっと待って、その前にまだ疑問があるんだけど」

「なに？」

「縄文の人々は大陸から入って来た外国人？　弥生人？　達に、追いやられてしまって、その弥生人達が日本列島に住み着いたってことでしょ？」

「そうね」

「なら、いまの日本人は、その外国から来た弥生人達の子孫ってことになるんだよね。ちょっとは、縄文の人々のＤＮＡが入ってるとは言っても、もうほとんどが弥生人達の子孫って言っていいんだよね」

「そうよね」

「なら、日本も外国と変わらないってことじゃない。

さっき、さくやさんは外国人は、日本人が嫌いだから、いつも日本を支配しようとする、その歴史が繰り返されるって言ったけど、弥生時代になった時点で、もうその必要はないんじゃない？　だって、同じ人種の人達が日本に渡って来たんだから、嫌いな日本人じゃないでしょ？　仲良く出来るんじゃないの？」


「私はね、日本人が嫌いだから……って言ってなくて、日本列島に住む人々が嫌いだから……って言ったの。彼らが嫌っているのはね、日本人じゃなくて（種族じゃなくて）日本列島に住む人々なの」

「日本人じゃなくて、日本列島に住む人々？？　どういうこと？」

「それもね、波動の話がわからなきゃ理解出来ないのよね～」

「そこでも、また波動の話になるんだ……」

「そう、波動の話……それは違う言葉で言えば、宇宙の話になる」

「こりゃまた、すごい話だねぇ～～……宇宙の話って、どこまで話は広がるんだよ～～」

「宇宙がどうやって出来たか、知ってる？」

「知るわけないでしょ、ある日ビッグバンが起きて宇宙が出来たとか、いろんな説があるけど、誰もわからないよね。どんなに研究しても答えは出ないでしょ」

「あなた達のように、物質的なところばかり見ていても宇宙のはじまりはわからないわ。だって宇宙は物質ではないから……」

「宇宙は物質じゃない？　もっとわからなくなった……」

第二章　宇宙のはじまり

「じゃあ、まず、宇宙のはじまりの話からしていくわね」

「はい、はい……」

「宇宙が出来る前……何があったと思う？」

「宇宙が出来る前？……宇宙が出来る前？……宇宙？」

「それじゃあ、宇宙はもう出来てるじゃない（笑）」

「宇宙が出来る前はね、何もなかったの。

な〜ンにもね。

無

ホントに何もない世界……世界もない。明るいとか、暗いとか、そんなものもなかった。

イメージ出来ないと思うけど、出来るだけでいいからちょっとイメージしてみて。

な〜〜ンにもないの。

「目をつぶってみるとわかるかなぁ〜〜、こんな感じかな……」

「まぁ、それがギリギリかしらね……無をイメージするなんて無理よね、
私だってわからないんだから。でね、その無の中にあるとき突然……


ん？　あれ？

って、思った存在がいたの。

突然、あれ？　なに？　私？　誰？……って。

突然、意識が生まれた……って言えばわかるかしら？

突然、自分を自分だと認識した存在が生まれたのよ」

「どうして生まれたの？」

「それは、私もわからないのよね……」

「何のために？……っていうか、それって誰？」

「それも、誰にもわからないの」

「その存在にも？」

「そう……だから、大変なのよ（笑）」

「大変？」

「その存在も、どうして何のために生まれたのか？　自分が誰なのか？　わからない。自分でも困っちゃったのね。なんせ、突然意識が生まれたんだから……」

「そのさっきから言ってる意識って何？」

「意識は、自分が自分を認識する思考……あなた達もあるでしょ？

自分を意識してる自分がいるから、そこにいていろんなことを考えてるのよね。

そして、意識（思考）は、刺激でもあるし、波でもあるの」

「刺激？　波？」

「う～んとね、ものすごく静かな水面があるとするでしょ……まるで動かない水面。

そこにね、何かの刺激を与えるとどうなる？　波が出来るわね。

そんな感じで、意識が現れたことにより〝無〟がなくなり、ひとつの波が出来た、
それが波動のはじまり。

ひとつの波はエネルギーとなって、このエネルギーを波動と呼ぶんだけどね、
その波動エネルギーの影響で、静かだった水面にたくさんの波が出来たの。

その波同士がまた干渉し合って、大きな波や小さな波が出来、その波がぶつかることに
よって音というエネルギーに変化したり、光や色というエネルギーに変化したりしたの。

だから音も光も色も、すべてひとつの意識から出来てる波動エネルギーなのね。

音も光も色もすべて波長（波動）を持ってるでしょ……

だから水面の波と同じ波動エネルギーなの。すべては波動エネルギーだってこと。

ここまで大丈夫？」

「まぁ、なんとか……」

「でね、その一番最初の刺激になった意識エネルギーは、
意図的にたくさんの波を創り出したの。たくさんの刺激を与えることによって、
水面にたくさんの波を創ることが出来るし、色や音や光も創ることが出来る。
な～～ンにもなかった世界に波が出来て、音も出来て、光も色も出来て、

とてもきれいな素晴らしい世界が出来たのよ。

最初のひとつの波（最初に出来た意識）……

これを私たちは〝絶対無限の存在〟と呼んでるんだけどね（名前は特に何でもいいのよ、認識しやすいように名前を付けただけだから……人によっては〝大元（おおもと）〟と呼ぶこともあるし、〝創造主〟と呼ぶ人もいるわ）」

「あぁ、大元とか創造主とかいう名前なら聞いたことはある」

「そうね、その名前の方がメジャーかもしれないわね（笑）

その絶対無限の存在が創り出した波は、全部絶対無限の存在よね」

「え？　どういうこと？」


「だって、最初はひとつの波だったけど、でもどんどん波は増えていった、でしょ？

でも、その波は大きかったり、小さかったり、音になったり、光になったり、形は変わっていったけど、でも全部最初は絶対無限の存在の意識エネルギーによって出来た波。だから、すべての波動エネルギーは同じなの。ここまでは大丈夫？」


「まぁ、そうだよね、ひとつから出来たものなんだから、形は違っても同じものだよね」

「そこまで理解出来てるなら大丈夫ね。

そこにね、形という波動の違いが出来るわね……形というのは同じ波動エネルギーなんだけど、そのエネルギーの表現の違いなの。

さっき、絶対無限の存在が意図的に波をたくさん創り始めたって言ったでしょ？」

「うん、そこに何か意味でもあるの？」

「そう、そこに大きな意味があるのよ……絶対無限の存在はね、
自分がどうして急に突然生まれたのか？何のために生まれたのか？を知りたくなったの。

でも、そんなこと誰にも聞けないでしょ……っていうか、聞く相手さえいないんだから。

だから、たくさんの自分を創ったの……それが波（意識）。

同じ意識だけど、形が違うことで表現が変わってくるわよね……ということは、
同じ意識でも波の形、表現が違ってくれば、意識（思考）もそれぞれ変わってくる。

だから、波がたくさんあれば、聞く相手がたくさん出来る……そう思ったのね。

いろんな意識（思考）に聞けば、もしかしたら何か答えが見つかるかもしれないってね。

だから、いろんな波を創りだして、その波ひとつひとつにどんな表現をしてもいいよ
……って言ったの。光になる波もあれば、音になる波もある……

大きな波もあれば、小さくて見えない波もある。

音だってひとつの音じゃなくて、ホントに無数と言っていいくらいの音の波が出来た。

光もそう、色も同じ。

そして、水面の波も大きかったり小さかったり、いろんな波が出来た。

これが波動エネルギー、周波数、振動数……と言われるもの。

音や光の波動エネルギーをヘルツとも呼ぶわね。

そして、ヘルツによってあなた達が見える色と見えない色、聞こえる音と聞こえない音が出てくる。あなた達には見えない色や光であっても、聞こえない音であっても、その光や色や音は存在することは知ってるよね。これが、波の表現なのよ……みんな表現が違うでしょ?……って言うことは、体験することも違ってくるわよね。

……ということは、みんな絶対無限の存在の意識だから、
絶対無限の存在は、たくさんの体験をすることが出来るってこと。

たくさん体験する自分がいて、どんな体験したかを聞ける……

ならば、もしかしたら、自分がどうして生まれてきたのか? の答えを見つけることが出来る……って思ったの。

すべてが自分なんだけど、それぞれの波はそれぞれの意識を持ってる。

だから、聞くことが出来るの」

「ちょっと待って、話がややこしくなってきた……同じ絶対無限の存在なんだけど、それぞれに違う意識を持ってる? 自分だけど、自分じゃない?ってこと」

「そうね、自分だけど自分じゃない……と言うより、自分がたくさんの個性になったって言うほうがいいかな? 波すべてに個性が出来た……だから、大きな波、小さな波、音、光になった……それも、その波が決めることなの」

「自分がいくつもの個性に分かれたって理解すればいいの？」

「そうね、分かれたというか、表現が違うっていうか……ちょっと手のひらを見てみて。みんな指の形は違うでしょ……でも、手のひらでつながってる。親指と表現する指があって、人差し指があって、……でも、手のひらという表現も出来る。そんな感じね。そして、それぞれに個性があるし、それぞれの体験も変わってくる……でもみんな同じものよね。あなたの一部であるけど、あなた自身でもある」


「なんか哲学みたいだね……」

「そうね、哲学という学問も結局はここを知りたいと思って出来た学問なのよ。哲学者デカルトも、我思うゆえに我あり……って言ってるでしょ。これは、自分を認識してるから自分は存在している、自分だと意識している自分がいることだけは絶対であって疑うことは出来ない……と言ってるのよね。これは絶対無限の存在のことでもあるの……絶対無限の存在は、何が何だかわからないけど、でも自分は確実にいる……って思った存在だということ。哲学は、自分は何者なのかを知りたいと思って始まった学問……結局、絶対無限の存在と同じ疑問を解き、答えを知りたいと思ってるの。あなたも時々思わない？……自分って誰なんだろう、どうしてここにいるんだろうって」

「思う、思う、俺って誰？一体なんのためにこうして生きてるんだろう？って。
でも考えてもわからないし、そんなことばっかり考えてたら頭おかしくなりそうだから、
フッと浮かんでも考えないようにしてるけどね（笑）」
「どうしてあなたがそんなことを考えるのか？って言うと、
あなたも絶対無限の存在だからなの。あなたの一番の根底に流れているのが、
その絶対無限の存在の疑問なの。そのために、宇宙にあるすべてのものは、
いろんな体験をしているのよ……
だから、宇宙にあるすべてのものは、もとはひとつ、これがワンネスと呼ばれることなの。

話が逸れちゃったから、波動の話に戻すわね。

さっきも言ったけど、波はそれぞれに表現が違うの。

そして、その表現の違いは周波数、振動数、（いろんな呼び方があるけど）の違いだけなの。

あなたに見えない光や色の周波数もあれば、聞こえない周波数もある……

これはわかるでしょ？それと同じように肉眼では見えないものもあるわよね。

あなたには感知できない世界と言えばわかるかしら？

これが、波動領域（次元）と呼ばれるものなの。

あなたのまわりに存在してるんだけど、目に見えない、感じることも出来ない領域がある。

それが、たとえばお化けと呼ばれる存在がいるところなの。

お化けは、物質で存在しないだけで、別の波動領域（次元）に存在してるの。

お化けだけじゃなくて、妖怪とか、精霊とか、他にもいるわ。

ただ、あなたの肉眼で見えないだけ。あなたの耳で聞こえないだけ。感じないだけ。

そして、私たち宇宙人もそうね……あなたには見えない、私の声（思考）も聞こえない。

でも、時々見えたり聞こえたりする特技を持ってる人もいる……

そういう人は、その波動領域（次元）にアクセスすることが出来るから、
他の人が見えないものも見えたり、聞こえたりするの。

あなた達は、見えないものなどない……って言うけど、でも電波は見えないけど
あることは知ってるわよね。なら、あなた達とは違う波動領域にいる存在たちも
いることをどうして信じないの？」


「いや、それは光とか音とは違うでしょ……

光や音は科学的に証明されてるけど、お化けはねぇ〜〜……科学的には証明されてないし、
むしろ科学的には否定されてるし……」

「科学的ねぇ……じゃあ、どうして神社に行くの？　そこに神さまがいるから？」

「え？」

「神さまは見える？　見たことある？」

「いや、神社にいる神さまは見えないでしょ……見えたらおかしいでしょ……それむしろ神さまじゃないでしょ……」

「でも、いると信じてるから、お詣りに行くんでしょ？

いろんなお願いをしに行くんでしょ？」

「そりゃ、そうだけど……神さまとお化けは違うでしょ？　お祓いとかしてもらうんでしょ？」

「じゃあ、神さまは科学的に証明されてるの？」

「いや、科学的とかの前の問題で、昔からいるって決まってるし……」

「誰が決めたの？」

「いや……えと……、誰なんだろう？」

「科学では証明されないものはいない、存在しない……って言いながら、神社の神さまだけはいる……それって矛盾じゃない？」


「そう言われれば、確かに、矛盾かな？」

「目に見えない存在はいるの……違う波動領域（次元）があって、そこにいるの。そして、科学的に証明できなくても、目に見えない存在……お化けや妖怪、精霊、宇宙人はいることを昔から、科学なんてない時代から実際に知ってたから、まだ神社に行ったり、お祓いをしたりするんでしょ。

このことからも、波動領域（次元）の違う世界があることがわかると思うの」

「そう言われてみれば、そうかもしれない……って、思う気がしてきた……かな」

「まだ、半信半疑？……それでもいいわ。

今はすぐに信じなくてもいいから、一応、今説明した波動領域（次元）のことを、頭の片隅でもいいから覚えといてね。

この波動領域の知識が、歴史を知るうえで、また歴史を繰り返さないという意味で、とても大事なことになってくるから……」

「はい……」


「で、話はまた絶対無限の存在に戻るけど……絶対無限の存在は自分をたくさんに分けて、自分が何者で、何のために生まれたのかを知ろうと思った。

これは大丈夫よね？」

「うん」

「そして、その分身（波たち）に、何でもいいから自由に好きなことをして、その情報をみんなで共有して欲しいと思ったのよね。

だから、それぞれの分身（波）たちは、自分の好きなことを始めたの。

そして、ある波は、自分は惑星になろうと思った……それがテラ（地球）」

第三章　テラ（地球）の誕生

「波が、惑星に？」

「そう、波は波動エネルギーでしょ……だから、自分の意識（思考）で何にでもなれるの。エネルギーを固めれば物質になる……」

「エネルギーを固める？」

「そうね、どう説明しようかしら？　エネルギーは空気のようにどこにでもある。池の水も隙間なくあるでしょ。水を冷やしたらどうなる？」

「氷になる……」

「氷は、固体、物質よね……同じ水でも熱したらどうなる？」

「水蒸気になる……」

「そう、水蒸気になると見えなくなる……同じものでも刺激によって違う形態をとるよね……宇宙はエネルギーで満たされてるでしょ……それに意識（思考）の刺激を与えることによって、どんな形にもなることが出来るの。ものすごく大きな物質にも、ものすごく小さなものにも、石にもなるし、生物にもなるし、見えないものにもなる……
宇宙に存在する波すべてに意識（思考）があるってさっき説明したでしょ。
テラには、テラの意識（思考）があるの……そして、テラは惑星になろうと思った。
一人で惑星をしていてもつまらないから、他の惑星になりたい波の意識（思考）と
相談して太陽系を創ろうと思ったの。こうして、あなた達の知ってる（肉眼で見える）
宇宙の惑星たちが誕生していったのよ」

「マジですか？　テラが自分で惑星になろうと思ったって？
みんなで相談して太陽系を創ろうと思ったって？……マジですか？」

「最初に私はテラに頼まれたって言ったでしょ？
テラに頼まれて今回のことに関与してるって……テラには意識も感情もあるの。
そして、テラとして体験しようと思ったのはテラ自身、誰かに命令されて
テラになったわけでも、気がついたら誰かに創られてた訳でもないの。
自分で惑星になったの」

「他の惑星もそうだってこと……だよね」
「そう、だからそれぞれに個性的でしょ……太陽系だけを見ても、どれ一つ似た惑星は

ないわね……それは、その惑星の意識が自分の表現をしているから。だから面白いのよ。みんなが同じだったらつまらないでしょ、それに同じ体験してもつまらないし、絶対無限の存在の答えを見つけるには、みんながそれぞれに違う体験をしたほうがいいわよね」


「テラはどうして、テラの表現をしようと思ったの？　テラに聞いたことある？」

「あるわよ、テラはね、きれいなアクアリウムを創りたかったんですって」

「アクアリウム？　水槽？」

「そう、たくさんの生き物たちがテラの上で生き生きとしている、そんな外から見て楽しくなるような星にしたかったって言ってたわ。他の惑星は、表面に生き物はあまり住んでないからね……

とても面白いアイディアだと思うわ」

「アクアリウムねぇ～、ホント、写真を見るととてもきれいだよね、そう言えば俺もちょっと前にパラオに行ってきたんだけどね、海がムチャクチャきれいだったよ」

「そう、そして表面に住む子たちが何も困らないようにすべてを整えたの。そして、ずっと必要なものが循環していられるシステムも完璧に創り上げた。だから、表面の子たちは豊かに暮らしてたわ。

そして、テラの美しさとその表面に住む生き物たちの楽しいエネルギーに誘われて、
他の惑星からもいろいろな宇宙種族たちもテラに遊びに来たりしてたのよ。
本当にみんなが幸せを感じられる楽しいエネルギーで満たされてたのよ〜、
私も時々遊びに行ったわ。
そんなテラにある時、レプティリアンが来たの」

第四章

本当に存在したムーとアトランティス文明

「レプティリアン……爬虫類人？」

「そう、そしてテラに頼みごとをしたのよ……」

「どんな？」

「テラにある〝金（ゴールド）〟を少し分けて欲しいって」

「〝金〟、どうしてそんなものが欲しかったの？」

「レプティリアン達は、争いごとが好きだったの。戦争ばかりしてたの。

そしてね、度重なる戦争によって、ついに自分達の惑星を壊してしまったのよ。

惑星には生態系を維持するために保護膜のようなものがあるんだけど、
それを破壊してしまったから、そのままでは彼らも住めない星になってしまった。

テラの大気圏、成層圏みたいなものと言えば理解出来るかしら？

だから、彼らの惑星のまわりにシールドを張らなければいけなくなったの。

そのシールドを張るには〝金（ゴールド）〟が最適だったのよ。

そして、テラにその〝金（ゴールド）〟が、たくさんあることがわかった。

だから、テラに来て、少し分けて欲しいと頼んだのよ。

争う経験、戦う経験、いがみ合う経験、それも絶対無限の存在から分かれた波の経験として素晴らしい経験だとは思うのよ。

だから、それが好きな人達はやっていればいいわ……と私は思う。

だからそのことに関して私は何も言うことはないの。でもね……」

「でも、どうしたの？」

「しばらくすると、テラの上でも傍若無人な振る舞いをするようになってきたの。

テラは〝金（ゴールド）〟を少し分けるだけでいいと思った。だからＯＫしたの。

でもね、彼らはそれだけでは満足しなかった」

「どういうこと？」

「最初はね、本当に〝金（ゴールド）〟だけで済んだのよ。

自分達で〝金（ゴールド）〟を掘り、自分達の手で惑星に運んでた。

でもね、だんだんそれがイヤになってきたの……自分で労働することがイヤになってきたのよね。それで、誰かにその労働を押し付けることが出来ないか考え始めたの」

「テラに住む人達に？」

「その頃はまだ人、人間はテラにはいなかったの。ねぇ、話はちょっと飛ぶけど、人間ってどういう過程を経て人間になったか知ってる？」

「人間？　猿から進化したって学校で教えてもらったけど……
ダーウインの進化論だったかな？　猿が類人猿になって、
類人猿から長い時間をかけて人間に進化した？」
「猿から進化ねぇ～～……猿から進化したなら、どうして今も猿がいるの？」

「猿のままでいいと思った猿と、猿のままじゃなくて進化したいと思った猿がいた？」

「それは面白い発想ね（笑）でも、そうだったとして、じゃあ、どうして猿だけが、そのままでいいと思った猿と進化したいと思った猿の二つに分かれたの？

ネコや象やイルカや魚や鳥とか、他にも数えきれないほどのたくさんの生き物達がテラの上にはいたのよね？　ネコはそのまま組と進化組には分かれなかったの？

分かれてないわよね……今もネコはネコで、ネコ人間はいないでしょ。

象もイルカも、サメも、鳥達も、猿以外人間のような進化はしていない。どうして？」


「どうして？……って俺に聞かれても……猿だけが進化することに気がついたから？」

「それはかなり無理があるわよね」

「猿が進化して人間になったのを見れば、他の種族も進化に気がつくでしょ……

そして、その中から同じように進化しようと思う種族はたくさん出てくるんじゃない？」

「そう言われれば、そうだよねぇ～～……どうして猿だけが進化して人間になったんだろ？」

「どこかで人為的な力が働いたと思わない？」

「人為的な力？」

「そう……たとえば、あなた達も最近やってる遺伝子操作……」

「遺伝子操作？　遺伝子を人工的に組み替えたりして、別の生き物を創る的な？」

「そう、映画にもなってるでしょ……恐竜の血から遺伝子を取り出し、似たような別の種族の遺伝子と掛け合わせて、新しい種族を創り出すっていう映画。あれは可能なこと……その技術さえ持っていれば出来るの」


「何が言いたいの？」

「人間は、遺伝子操作で創られた種族なのよ」


「遺伝子操作で創られた種族？　誰が？　何のために？」

「レプティリアン達が、自分達の労働の肩代わりをさせるために……手先の器用な猿の遺伝子と自分達の遺伝子を掛け合わせて、今までテラにはいなかった新しい種族を創りだした……それが、人間なの」

「……労働力のために……それだけの目的で……人間は創られた……それって奴隷？」

「そう、すごくショックだと思うけど、それが真実なのよ……」


「でも、それほどの技術？テクノロジーがあるなら、機械を作ってその機械で金を掘って持っていけばいいんじゃないの？　わざわざ遺伝子操作までして奴隷を創らなくても」

「もちろん機械は持ってたわよ……今あなた達が使っている機械より、もっと優れたものをね……でもね、最終的な段階の作業は機械では無理なの。力仕事は機械で出来る。人工知能ももちろん搭載してる……でも、最終的なところは機械では無理なの。どうしても自分達の力が必要となってくるの。だから、自分達の遺伝子を使って、自分達と同じくらいの仕事ができる生き物を創りたかったの」

「労働力として使われるために、生まれてきた？」

「そして、それが今でも続いてるの……」

「今でも……って、そんなはるか昔のことが今でも続いてるって、どういうこと？」

「あなた達の今の社会システムを考えてみて……三角形、ピラミッド型をしてるでしょ？社会も会社も何らかの組織もすべてトップがいて、そこから底辺に向かって広がっている。これはね、トップのレプティリアン達が、あなた達人間を効率よく支配・コントロールし、利益を搾取するために作られた社会システムなの。

利益を搾取するためだけに考え出されたシステムなの。

最初のアトランティス文明から始まって、シュメール文明、エジプト文明、黄河文明……その後もみんなトップに王がいて、その下に王に使える高貴な官僚がいて、その下にまたその高貴な官僚に使える一般の役人がいて、その下に、その下に……が続いて、最後？

一番底辺に一般庶民がいる……この形、システムは今の社会システムそのものでしょ。国のシステムもそうだし、会社もそう。社長がいて、副社長がいて、専務がいて、常務がいて、部長がいて、課長がいて、グループ長がいて、平社員がいるのよね……

会社も大きな会社の下に小さな会社がいくつかあって、その小さな会社の中でも社長がいて、専務がいて常務がいて、部長、課長、係長、平社員がいて……と同じ構造が繰り返される。まるで入れ子細工のようにいくつものピラミッドが入ってるわ。

とにかく何かの組織が出来れば、すべてピラミッド型。

ね、すべてがこの形でしょ……だから、あなた達一般庶民は、働いても働いても搾取ばかりされて豊かな生活が出来ないのよ」

「でも、日本のトップは皇室？　もしくは総理大臣？　だけど、でもそんな日本の国民からどんどん搾取してるほど、すごいお金持ちとかには見えないし、日本の国に貯めてるなら、それは日本の財産だから、国民の物でしょ……還元されるお金なら搾取ではないよね」

「国というのは、世界的なもっと大きなピラミッドの中にあるから、国のトップに搾取されたものは、その上の世界のトップに搾取されてしまうのよ。そしてね、もっと厄介なのが……レプティリアン達が欲しかったのは、労働力だけじゃなかったの」

「労働力だけじゃない？って、どういうこと？　人間達に労働させていれば〝金〟は手に入るんだから問題はないんじゃないの？　他に何が欲しかったの？」

「〝金〟を手に入れるだけで満足してくれれば、よかったんだけどね……彼らはエネルギーまで欲しがったの」

「エネルギー？」

「あなた達、人間から出るエネルギー……」

「人間からエネルギーが出る？」

「そう、人間だけじゃなくて、宇宙のすべての存在は、エネルギーを出しているの。絶対無限の存在が意識エネルギーだって話したでしょ……だからその分身？　である存在はすべて意識エネルギーを出しているの。感情も意識エネルギーの一種なの。ここまでは大丈夫？」

「で？　〝金〟だけじゃなくて人間から出るエネルギーも欲しかったってどういうこと？」

「レプティリアン達は、争いが好きで戦争ばかりしてた……って言ったよね。

彼らは、重いエネルギーが好きなの。エネルギーってね、いろんなエネルギーがあるのよ。

同じエネルギーでも、重いエネルギーもあるし、軽いエネルギーもあるの。

それは良い悪いじゃなくて、ただの軽い重いだけなんだけどね。

あなたにもわかると思うけど、楽しいって軽い感じがするでしょ……身体も軽くなるみたいな。でも、悲しいとか腹が立ったときとかは重い感じがする、身体も重くなるみたいに」

「そうだね……それは感じる。それがエネルギーの重い軽いなの？」

「そう、そしてね、レプティリアン達は重いエネルギーが好きなの。

だから、戦いを好むのよ。戦う時は、その重いエネルギーを得ることが出来るから。

戦った相手から好きな重いエネルギーを得ることが出来るから……だから、戦うの。

あなたもわかると思うけど、エネルギーをチャージ出来ると元気になるでしょ……

レプティリアンもそうなの。好きな重いエネルギーをチャージ出来ると元気になれるの、気力がみなぎるのよ。だからそのエネルギーを得るために戦うの。

でもね、そんなにしょっちゅう戦うのも疲れるし、戦いは重いエネルギーの取り合いだから、負けるとエネルギーをチャージするどころか取られてしまう。

なら、手っ取り早く重いエネルギーをチャージ出来ないかと考えた末に出来たのが、ピラミッドシステム。これは一石二鳥よね。

労働力（〝金〟）＋好きなエネルギーまでチャージ出来るんだから。

そしてね、何度も言うけど、彼らが欲しいのは重いエネルギー……

怒りや悲しみ、苦しい、ツライという感情から出るエネルギー。

彼らは楽しい、嬉しい、喜び、などの軽いエネルギーはいらないの。ということは……」

「俺たち人間をイヤな目にばかり遭わせる……ということ？

人間がいつも苦しんで、重いエネルギーばかりを出させるために……」

「そういうことになるわよね……だから、ピラミッド型の社会にいる限り、
あなた達人間は、決して幸せにはなれないの。

そしてね、〝金〟もそうだけど、手っ取り早くエネルギーを搾取出来るテラは、
彼らにとってはパラダイスよね……ずっとこのまま人間達を支配・コントロールしながら、
テラに居続けようって思うでしょ。そして、自分達の都合の良い文明を創ったの。

これが、アトランティス文明と呼ばれる文明の始まりね。

こうして人間達の労働力もエネルギーも
レプティリアンたちに搾取され続ける歴史が始まったってこと」

「でも、アトランティス文明と同時にムー？　レムリア文明があったんでしょ？

それはピラミッド型じゃないの？」

「同時に存在したとは言ったけど、時間差はあるのよ。最初にも簡単に説明したけど、アトランティスの社会がツラすぎて逃げ出した人々がいたのよ……とにかく逃げた……あてもなくね」

「でもそんなのすぐに連れ戻されちゃうんじゃないの？」

「ちょうどその頃、私たちもアトランティスから逃げ出した人々がいるという情報を得ていたの。だから、すぐに見つけることが出来て保護したの」

「でも、いくらテクノロジーがあるからといって、この広いテラの上でそうそう簡単に見つけることは出来ないでしょ？　隠れながら歩いていただろうし、そこまでの大人数で彷徨ってたわけじゃないだろうし……何か目印でもあったの？追跡装置が付いていたとか？……あ、でもそんなのがあったら、それこそレプティリアン達にすぐに見つかるかぁ～、どうやって探したの？」

「彼らはね、超感覚を持っていたの」

「超感覚？」

「あなた達がよく使う言葉でいえば、超能力。実は超能力でも何でもなくて、誰でも使える普通の能力なんだけど……たとえば、テレパシー」

「イヤイヤ、普通って、テレパシーは誰でも使えないでしょ……」

「それはね、感覚を切られてしまったからなの。レプティリアン達はね、遺伝子操作の時に、人間がその能力を使えないように切ってしまったの。目に見えないものが見える、聞こえないものが聞こえる……というような波動を感じる能力を持たせてしまったら、支配・コントロールしにくくなるから。自分達の言うことだけを信じるように、五感（肉体だけで感じる視覚、聴覚、触覚、味覚、臭覚）だけしか使えないように、遺伝子を操作したの。

だから人間はそれ以外の感覚を使うことも、それ以前に感じることも出来ないの。でもね、そこが生命力の凄さなのよねぇ〜〜……レプティリアンもびっくり（笑）切られたはずの遺伝子が繋がってる子たちが、次々と生まれるようになってきたの。自然というのは人為的に切られたとしても、元に戻ろうとする力が働くのよね。

彼らは、生まれた時から超感覚を使えたの。

だから、アトランティスの社会の中では暮らしにくくて仕方がなかったのよ。

あなた達の社会でも、そういう人は排除されるでしょ。

見世物的な扱いされたり、頭がおかしい人だと言われたり……

同じことが起きたのね。超感覚を取り戻した子たちは、社会からいじめられたの。

ただでさえ搾取ばかりのツラい社会の中で、もっと迫害されたら居場所はないわよね。

もう逃げるしか生きる道はないと思った。だから、その感覚を持つ人々は逃げたの」

「で？　もしかして、そのテレパシーを使って探し出したとか？」

「そう、彼らにテレパシーで話しかけたの。そして返って来たエネルギーをキャッチして場所がわかったの。そして、レプティリアン達にその交信がキャッチされる前に、保護したってわけ。結構スリルいっぱいのドキドキものだったわ（笑）」

「レプティリアン達もテレパシーは使えるの？」

「そりゃそうよ、遺伝子を切られてしまった人間以外、みんな使えるのよ」

「使えないのは人間だけ……なんだかがっかりだなぁ〜〜」


「あ、それから言い忘れてたけど、その頃のテラは、今のテラとはずいぶん違うのよ」

「今のテラとは違うって、どこが？」

「地形が全然違うの。今はたくさんの大陸に分かれてるでしょ？

その頃はひとつの大陸しかなかったの。テラの上の方に大陸があって、あとは海。

こんな感じね」


「本当だ、今のテラの地形とはまったく違うね。どうして今のようになっちゃったの？」

「その質問の答えはこれからね。私たちは、アトランティスから逃げて来た子たちを大陸の目立たないところに連れて行ったの。そして、彼らはそこで自分達の住みやすいコミュニティーを創りはじめた。それがムー、レムリア文明ね。

私たちは、レプティリアン達とは真逆の考え方をしてるの。好きな波動エネルギーも真逆。彼らは重いエネルギーを好むけど、私たちは軽いエネルギーの方が好きなの。

何度も言うけど、これは良い悪い、善悪ではなくて、好みの問題なの。それは分かってね。

私たちは、ムーの子たちを支配・コントロールしようなんて全く思ってないから、友達として彼らと仲良くしてた。そして、波動のことをはじめ、知ってることを全部教えたの。搾取が目的のピラミッドシステムとはまるで違う社会、横並びの愛と調和の平和な文明が出来て、迫害されていた子たちも伸び伸びと生き生きと楽しく暮らしてたわ。楽しそうに笑うあの子たちを見ているだけで私たちも共振して本当に楽しくなったわ。そうして重い波動エネルギーだけで苦しくなっていたテラも、ムーの子たちの楽しくて軽い波動エネルギーを感じて少しずつ楽になっていったの。

やっとテラがバランスを取り戻し始めたころ……その事件が起きた」

「その事件……」

「それまでも、ちょこちょこアトランティスの人達から嫌がらせはあったわ。

でも直接何かしてくるわけじゃなかったから、相手にしないようにしてたのね。

どんなにちょっかいをかけてもムーの子たちが反撃してこないから、アトランティスの人達もそれ以上何も手出しは出来なかったのよ。

ちょっかいを出されて、それに反応するから争いが起きるのよね。

反対に、そのちょっかいに乗らなければ、案外相手も何も出来ないものなの。

だから一生懸命ちょっかいをかけて、何とか争いに持ち込みたかったアトランティスの人達はイライラしてたの。何とかムーの人々を自分達の争いの土俵に乗せたかった……だから、レプティリアン達に教えてもらいながら、いろんな武器を開発してたの。

そして、それはどんどんエスカレートしていった。

遂に物理的なところだけじゃなくて、波動領域にまで影響を与えるほどの物を造りだしてしまったの。核エネルギー、核爆弾的なものね。

もちろん、それを実際に使うつもりはなかったのよ。

それは今のあなた達の社会でも同じでしょ……それを使うと自分達まで危なくなるのを知っているから、実際に使うつもりはないけど、でも相手より少しでも強い武器を持つことが防衛のためになるなどと、なんだかんだと理由をつけてどんどん危険な武器を作り続ける……そうやってレプティリアン達は自分達の惑星を壊したのに、テラでもまたそれを繰り返したの。危険な武器を、おもちゃを作るかのように楽しんでるなんて私たちにはまったく理解できない」

「ホントそうだよ……地球をいくつも破壊出来るほどの核爆弾を所持してる……なんて

自慢げに言ってる人達がいるけど、俺にはバカだとしか思えないよ。

自分の住んでるところを破壊してどうするんだろうね、信じられないよ」


「そして、その新しい武器をテストしている時に、
間違ってテラに向かって放射してしまったの」

「核エネルギーを？」

「そう、あなた達が今造っている核爆弾よりも、もっと始末が悪い核エネルギーをね」

「テラに向かって？」

「その衝撃で、テラはボンってなったのよ」

「ボンって？」

「ポップコーンが破裂するみたいに、ボンって一瞬で膨張してしまったの」

「ポップコーンって……」

「核エネルギーっていうのは、物質にももちろん大きな影響を与えるけど、
意識エネルギーも同時に大きく傷つくの。

だから、意識エネルギーで出来ている宇宙で核エネルギーを使うと
宇宙全体にまで、ものすごい影響を及ぼすの。それをわかってるのに彼らは使った。

彼らが造ったのは、あなた達の核爆弾よりももっと始末が悪くてね、
波動領域の膜にまで傷をつけてしまうの。

この話は難しくなるからあまりここでは説明しないけど、次元を超えて影響を与えるものだということ。物質次元だけでなく、他の次元にまで迷惑をかけるのよ」

「ムーの人々をイジメたいっていう気持ちはわかるとして、どうしてそこまで危ない武器を造る必要があるの？」

「少しでも相手より優位に立ちたいという気持ちね。彼らは、愛と調和のエネルギーなんていらないものだと思ってるから、惑星のことなど何も考えていないの。愛と調和っていうのは、相手を尊敬し、尊重し、相手に対して感謝の気持ちを持つっていうこと。そのエネルギーは軽いから彼らにはいらないものなの。彼らが欲しいのは、重いエネルギー、愛と調和とは真逆のエネルギー。相手に対しての尊敬や尊重、感謝の気持ちなんて邪魔なだけなのよ。そんなの持ってしまったら戦うことが出来なくなるから……重いエネルギーをまとった彼らは惑星だけでなく、自分以外の存在はみんな戦う相手だと思ってるの。戦ってどうやって自分達の下に置くか……支配・コントロールするか……彼らにとっては、そこが一番重要なの。惑星の意識のこと、感情のことなど眼中には無いの。

だから、より強い武器を造ることしか考えない……造ると試したくなる……
そして実験を繰り返すことになるの。
そして、実験の途中で間違ってテラに放射してしまったの。
実際には使わない……といっても、造ったら使うのと同じ事なのよ。
結局どうしてもそれを誇示したくなるんだから、本当に使わないなら、
造る意味なんてないし、造りはしないわ、でしょ？」

「そうだよね、今も同じだよ……造ったら試したくなる、こんなスゴイの持ってるんだぞと誇示したくなる……そのためにあちこちで実験と称してボンボン核爆弾を爆発させてるんだから、精神性は子供と変わらないね。で、破裂しちゃったテラはどうなったの？」

「ものすごい衝撃を受けて短時間で膨張したものだから、地軸を保っていることが出来なくてグルグルと回転し始めたの。もちろん意識エネルギーにも大きな傷を負ってしまって、気を失った状態になったのよ。

テラが膨張したことで、ひとつだった大陸が短時間で裂けたの。

それが今のテラの地形になった。

もともと大陸はひとつだったってことはあなた達も知ってるわよね」


「今の大陸をくっつけていけば、ぴったりとくっついて

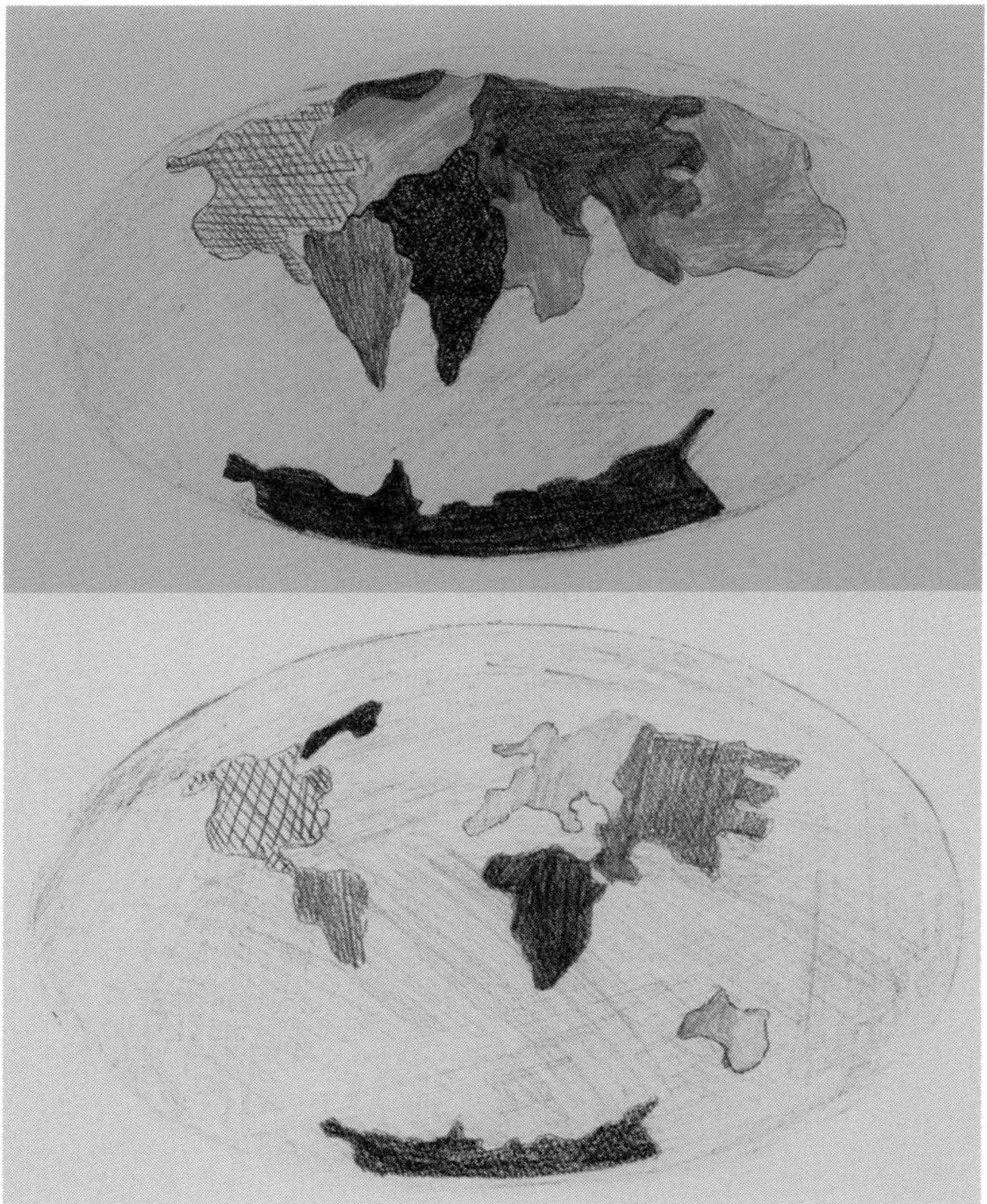

ひとつの大きな大陸になるということは学校で教わったよ。

だから、もともとはひとつの大陸しかなかったたってことには納得できる」

「で、そのひとつの大陸が、どうやって今の形になったたって教わった？」

「地球の中を流れるマントル？　マグマ？　の影響で、土地が引っ張られていき、何万年もかかって少しずつ土地が動いていって、そして今の地形になった……だったかな」

「そうね、そう教えるしかないわよね……核エネルギーをテラに放射してテラを壊してしまったなんて言えるわけないものね。これも支配者の勝手に作りあげた歴史と科学」


「膨張してグルグル回ったテラは？」

「表面はパニックよね……テラが創り上げた完璧で美しかったアクアリウムはさんざんな姿になってしまったわ。グルグル回ってるために海水もグルグル回るでしょ……だから、表面は大洪水状態、そして大陸が裂けたから大きな地震がたくさん起きて、沈んでいく大陸や、反対に大陸どうしがぶつかって山のように隆起してくる場所もあった。今ある高い山脈などはそうやって出来たのよ。

海の深い海溝もその時出来たテラの傷あとなの。

短時間でのものすごい変化に表面に住む人、存在達はひとたまりもなかったわ。どこに逃げることも出来ず、ほとんどが絶滅してしまった」

「だろうね……で、その頃人間はどの位いたの？」

「そうねぇ、正確に人口調査とかしたことはないし、アトランティスの人達のこともよく知ってるわけじゃないから、大体のところだけど、ムー大陸には六千万人くらいで、アトランティスは二億人くらいかしら……」

「そんなにたくさんの人達が死んじゃったってことなんだね」

「でも、その時に何とかムーの子たちを百人ほど救出することが出来たの。そして、その子たちを安全なところに保護したの」

「で、レプティリアン達は逃げてった……」

「そう、私たちはムーの子たちを救出することが精いっぱいで、それも全員は無理だった。アトランティスの人達は、申し訳ないけど私たちにはどうすることも出来なかったわ」

「その後どうなったの？」

「まずはグルグル回るテラを止めることからよね、グルグル回っていたら何も出来ないから。だから、月を持ってきたの……というか月に力を貸してほしいと頼んだの」

「出たぁ〜〜……また始まったよぉ〜〜……月を持って来ただとぉ〜〜、月に頼んだだとぉ〜〜」

「驚いた？」

「驚くも何も、びっくりする余裕もないよ……」

「テラにはね、もともと二つの衛星があったのよ……

今の月みたいにね、テラのまわりをまわっている衛星がね。

それがテラが膨張した衝撃で跳んじゃったの。

衛星のバランスでテラは地軸を安定していることが出来たのね、
その衛星が跳んじゃったから、不安定になってグルグル回ったの。

それを止めるには、またバランスをとってくれる衛星を持ってくるしかなかったのよ」

「あ、ちょ、ちょっと待って、巷のうわさで、月って人工物だとか？

実は大きな宇宙船だって聞いたことがあるんだけど……ホント？

月を持ってきたってそういうこと？　月って宇宙船なの？

その中に誰かいるの？　さくやさんたちドラコニアンが住んでるとか？」

「それに関しては、今は答えるのはやめておくわ」

「どうして？」

「今は知らない方がいいこともあるのよ。そうなると、あなたが今聞いてきたように、
そこに誰が住んでるとか、どこから持ってきたとか、ちょっとだけでも見てみたいとか、
連れて行った人いるの？　とか、まったく違う方向へ興味が逸れてしまうでしょ。

だから、今は答えられない」

「なんだよ、それ、……ちょっとくらい教えてくれてもいいじゃない」

「ちょっとじゃすまなくなるでしょ……

私は好奇心だけを満たす都市伝説的な話をするつもりはないの。

大きな流れで真実の歴史を伝えたいの。

その話題は歴史の話にとっては関係ないことだと思う。

そしてね、枝葉末節の細かいことに眼を奪われてしまうと大きな流れを見失ってしまうわ。今までそうやって興味をあちこち違うところに持っていかれてしまっていたから、歴史がブチブチ途切れてしまって訳がわからなくなってしまったのよ。

大きな一本の流れを見てちょうだい……そうすれば、真実が見えてくるから……

だから、今はその話は無しね」

「わかりました……」


「話を戻すわよ……それでね、月のおかげで何とかテラの回転を止めることが出来たのよ。

回転を止めることが出来たんだけど、止まった時に地軸が傾いてしまったの。

前は、地軸がまっすぐで、テラの表面はでどこも温暖な気候だったのよ。

上と下（南極とか北極は）今と一緒だったけど極端に温度差があることはなかったわ

……どこに住んでも常夏のような感じだった……だからとても住みやすかったのよ。でも、回転が止まった後のテラは地軸が傾いてしまったために、極寒のところや極暑のところや砂漠なども出来てしまったの。まぁ、それはそれで面白くて刺激的でいいのかもしれないけど、とにかく回転の前とは違う環境になったわ」

「どこに住んでも常夏……っていいねぇ～、テラ全体がハワイって感じ？　住みたいなぁ……」

「でもね、回転は止まったけど、テラの意識は戻らなかった……私たちはテラの意識体のヒーリングを続けたんだけど、そうねぇ～時間は関係ないけど、しいてあなた達の時間の感覚になおすとしたら約一億年ほどかかったわ。大変だったのよ～」

「一億年……テラじゃないけど、俺も気が遠くなりそうだ……お疲れさまでした……」

「そしてやっとね、テラの意識体のヒーリングも終わり、テラの表面も前みたいにたくさんの生命体が戻って来て、大分賑やかにになってきた頃……」

「きた頃……まさか……」

「そう、またレプティリアンが戻って来たの……」

「ウソだろぉ～、もうやめてくれよ……って言った？」

「一応は言ったけど、それを力ずくで止めるわけにはいかないから……

それをすると自由への介入になってしまうでしょ……私たちには何も出来ないから……」

「テラはどうなの？　前のことがあるから、もうあなた達レプティリアンは
受け入れません……って言わなかった？」

「もうしないって、武器を造るような人間は創りません……ってテラに言ったみたいよ。

私は直接聞いてないから確かかどうかはわからないけど……で、それを信じてまたテラは、
レプティリアンが〝金（ゴールド）〟を持って行くことを了承したのよ」

「なんかイヤな予感がするよね……」


「そうね、でもね、彼らは約束は守ったのよ……だって今回は人間は創らなかったから」

「ちょっと待ってよ……人間は、ってどういうこと？

人間じゃなくて何か他の生物をまた創りだしたってこと？」

「そう、今度はホモサピエンス（類人猿）じゃなくて、テラにいた爬虫類と自分達の
遺伝子を掛け合わせて新しい生命体を創りだしたの……それが……」

「それが……」

「恐竜と呼ばれる生命体……」

「恐竜……あれも自然発生した生命体じゃないってこと？」

「そう、恐竜も自然の進化とは違うでしょ？……恐竜と呼ばれる生命体だけ大きいでしょ？

まぁ、小さい種類もいるけど、ほとんどはテラに住む生き物達より巨大よね。

そして、恐竜だけ異常な繁殖をしたわ……

だから恐竜時代と呼ばれる恐竜がメインの時代があったでしょ」

「そうだね、自然発生と言われれば違和感があるよね。でもどうして今回は恐竜だったの？」

「まぁ、テラとの約束もあったんだけど、それより人間は感情が強すぎて（豊かすぎて）、前みたいに暴走しちゃうから、もういいかなって思ったんじゃない（笑）

彼らレプティリアンもそうだけど、爬虫類系の存在は感情の起伏がそんなにないから……」

「それで、爬虫類だったんだ……」

「そして、恐竜を創ってしばらく繁殖して増えるのを待ってたの。ある程度増えるには時間がかかるから、彼らはテラから離れてたのね……そして、もうそろそろいいかなって思ってテラに戻ってくると……びっくり」

「びっくり？　何にびっくりしたの？　増えすぎてたとか？」

「大きかったのよ……彼らが設計した遺伝子からは考えられないほど大型になってたの（笑）」

「どうして？」

「テラの重力が変わってたことに気がつかなかったのよね」

「テラの重力が変わった？」

「そう、ボンってなる前のテラと、ボンっ後のテラは大きさが違うでしょ？小さな時のテラと、大きくなってしまったテラの重力が変わってたの。大きくなると重力は小さくなるの」

「えっ？反対じゃないの？」

「小さな方が重力は小さいと思うかもしれないけど、小さいということは密度が高いということだから。重力も強くなるの」

「物理は苦手でよくわからないけど、そうなんだ……で、大きくなったテラの重力が小さくなったってことが、恐竜が大型化したのどう関係するの？」

「レプティリアン達は、前のテラの資料をもとに遺伝子を設計したのよ。だから、設計通りにならず大型化してしまったの」

「でも、大きさは関係ないんじゃない？　……って言うか、反対に大きい方が力も強いし、労働力としては良いんじゃないの？」

「そうね、力が強いという点ではいいかもしれないけど、レプティリアンたちは力はそんなに必要ないのよ、だって機械があるから、そこは機械で何とでもなるしね。彼らが求めていたのは、自分達と同じようなことが出来る労働力だったの。でもね、恐竜達はそれが苦手だった……知性的にまだそんなに成熟していなかった……と言えばいいのかしら。

そしてね、一番困ったのは、人間のように感情エネルギーをそんなに出さなかったのよ。そりゃそうよね、前みたいに感情で暴走しないように、感情の起伏があまりない爬虫類系の生き物を選んだんだから」

「感情エネルギーを出さないことが、困ったことなの？」

「そう、彼らは〝金（ゴールド）〟も欲しいけど、それより欲しいのが重いエネルギーだったって話したでしょ。人間はたくさん重いエネルギーを出してくれたけど、今度の恐竜は出してくれなかったのよ」

「どうして？」

「もともと戦いの好きな種族だったから、ある意味潔かったの。強いものは勝つ、弱いものは負ける……戦って敗れたものが死ぬのは当然だ……という感じね。

人間みたいに死や怪我や痛みなどを怖れなかったし、不安や心配などもしなかったから、ツライとか悲しいとか苦しいとかの重いエネルギーを出さなかったの。

だから、困ったな……ということになった」

「そんなの最初からわかりそうなものなのに」

「そうね、でも彼らにとっては計算外、想定外だったのね。

でも、もうかなり繁殖してたし、今更どうすることも出来なかったのよ。

そんな時にね、彼らにとっては都合の良い出来事が起こったの」

「都合の良い？」

「そう、レプティリアンにとってね……」

「どんなこと？」

「テラに大きな隕石が衝突したの……これは、大変なことだった。
衝突の影響でたくさんの粉塵（土などの埃）が舞い上がったの。
この粉塵が成層圏まで舞い上がり、しばらくの間テラに降り注いでいた
太陽のエネルギーを遮ってしまったの」
「テラに太陽の光が届かなかったってこと？」
「そう、太陽のエネルギーが届かなければ、テラの表面は大変なことになるわ。

まず氷河期のように冷えてしまうわね、そして植物は枯れてしまう、表面にいた生物たちは冷えと飢餓で生きていけなくなった……もちろん恐竜もね」

「そんなに長い間、太陽の光が届かなかったの？」

「そうねぇ、十年くらいそんな状態が続いたかしらね」

「十年もそんな状態じゃ、たまったもんじゃないね、そりゃほとんど絶滅してしまうよ」

「テラやその表面に住んでた生き物たちにとっては大きな災難だったんだけど、レプティリアン達にとっては都合が良かったの。

増えすぎた恐竜をどうしたものかと思ってたから」

「ずいぶん勝手だね……」

「でも、今回の出来事はレプティリアンが意図してわざとしたことじゃないから、誰も何も言えないわよ」

「そりゃそうだけど……なんか納得できないモヤモヤした感じがするんだけど……勝手に生物を創ったり、それが滅びることを喜んだり……なんか腹が立つ」

「彼らは、私たちとは違う価値観を持っているから、仕方ないの。

宇宙ではね、どっちが正しい、どっちが正義だなんて判断するのは不毛なことなの。正しい考え方も、正しい行いもないの。善悪で判断することじゃないのよ。

絶対無限の存在にとっては、すべて素晴らしい体験なの……

ただ考え方、価値観が違うだけ、それだけなのよ。判断はいらないの」

「そんなものなのかねぇ～～、で、その後十年たってどうなったの？」

「十年ほどたって粉塵もだいぶ地上に落ちて来て太陽のエネルギーがテラの表面に届くようになって、また少しずつ植物が増え、生命も増えてきて、またもとのように賑やかになっていったの……」

「良かったね、今度こそ平和になったよね……ってことないか。平和だったらそのまま今も平和だもんね。……ということは、また戻ってきたの？　例の宇宙人が……」

「ご明察……また戻って来たの」

「でも、今度こそはテラもダメって言ったんじゃないの？」

「どうして？　隕石の衝突は彼らの責任じゃないし、恐竜がテラに何かしたわけじゃないから恐竜を創ったレプティリアン達を拒否する理由は無いでしょ。それにね、これがテラがレプティリアン達をまた受け入れた大きな理由なんだけど、今回はテラに住まわせてください……って頼んだのよ。テラはね、住みたいっていう生命体を拒否することはないの。みんなOK、住みたいという存在はすべて受け入れるの」

「器が大きいというか、懐が深いというか……俺はテラを尊敬するよ」

「だから、レプティリアンは、またテラに関与することになったの」

「でも、〝金（ゴールド）〟も欲しかったんでしょ？」

「その頃はね、レプティリアン達の興味は〝金（ゴールド）〟から、テラに変わっていたの」

「どういうこと？」

「テラでまた自分達の住みやすい社会を創ろうと思ったの。自分達の惑星にいるより、テラの方が快適だと思ったのね」

「勝手だな、つくづく勝手だ、自分の惑星を壊したから、別の惑星に移り住もうっていうことでしょ……まず自分の惑星を直すのが本当だと思うけど……」

「これは余談だけどね……あなた達も同じ考え方してないかしら？　今のテラはあなた達の文明の影響でずいぶんひどい環境になってしまっているわ。そして、そのテラに見切りをつけて、火星移住計画とやらを考えてない？」

「……そういう計画もあるって聞いたような……なんか恥ずかしいね」

「まぁ、それも結局アトランティス文明から今でも続いているレプティリアンの考え方を踏襲しているだけなんだけど……結局ずっとレプティリアンの価値観を持っているってことね。

話しを戻すわね……戻って来たレプティリアン達は、また自分達の社会システムを創り始めたの……そう、また人間を創ったの。自分達の代わりに労働させ、重いエネルギーを搾取するために、またピラミッド型の文明を創りあげた。

それが、シュメール文明と呼ばれる文明ね。レプティリアンをトップにして、人々からどんどん搾取していく文明……決して人々を豊かに幸せにしないシステム……」

「またぁ～～、そして、またテラはアトランティスの時と同じように苦しくなった……っていうことでしょ……ホント、繰り返しだね、聞いてるだけでイヤになるよ」

「だからもう繰り返さないでいいように、こうして話をしてるんじゃない……」

「そうでした、そうでした……すみません、続きをお願いします」

第六章　縄文時代は、超ハイテクな文明だった

「シュメール文明って、突然何もないところから現れた……って言われてるけど、それはそうよね。何も下地がないところに（他に小さくても何か文明みたいなものがあったわけじゃなくて）レプティリアンが創った文明だから、
突然出来たってことになるわね。

そして、結構長い文明だったのよ……二万年くらい続いたかしら？」

「二万年も？」

「レプティリアン達の人間の対する扱い……人間は使役するもの、搾取するもの……という考え方は、アトランティスと何も変わってないから、
またテラの表面の波動はどんどん重くなっていくわよね」

「まぁ、そうだろうね……で、テラからＳＯＳが発信された……と」

「しばらくはまだ大丈夫だったんだけどね、シュメール文明が出来て二、三千年ほど経つと、テラもまた、もう無理ぃ～～ってなったの。

そして私たちに何とかして欲しいって要請が来たわけ……

そして私たちもまた同じように軽い文明を創ろうと思ったのよ。

でもね、前回は、アトランティスを逃げ出した人々がいたからよかったけど、今回はいなかったのよね。だから困ったの。また、ムーみたいな軽い波動の文明を創りたくても、誰もいないんじゃ創りようがないでしょ……

そこで私たちは相談して、保護していたムーの人々に、もう一度テラの表面に戻ってムーの頃のような文明を創ってもらえないかとお願いすることにしたの」

「OKしてくれたんだよね……」

「そう、OKしてくれたんだけど、前のようにムーのような文明を創る土地がなかったのよ。大陸はいくつかに分裂してしまって、前に大陸にあったムーの場所は海に沈んでしまってたの。そして、ほとんどの大陸は、レプティリアン達のピラミッドシステムに組み込まれてしまっていて、ムーのような文明を創れるところがなかったの。

で、沈んでしまったムーの文明があった辺りの海をあてもなく探していたら、小さな島を見つけたの。ここなら小さいし、大きな大陸からは離れているから安全だと思ったわ」

「それが日本列島？」

「そうね、そこにはムーの文明の波動もまだ残っていたし、ここしかないと判断したの。そしてね、ちょっとテラと相談して、面白い試みをしてみたのよ」

「面白い試み？　日本列島に？」

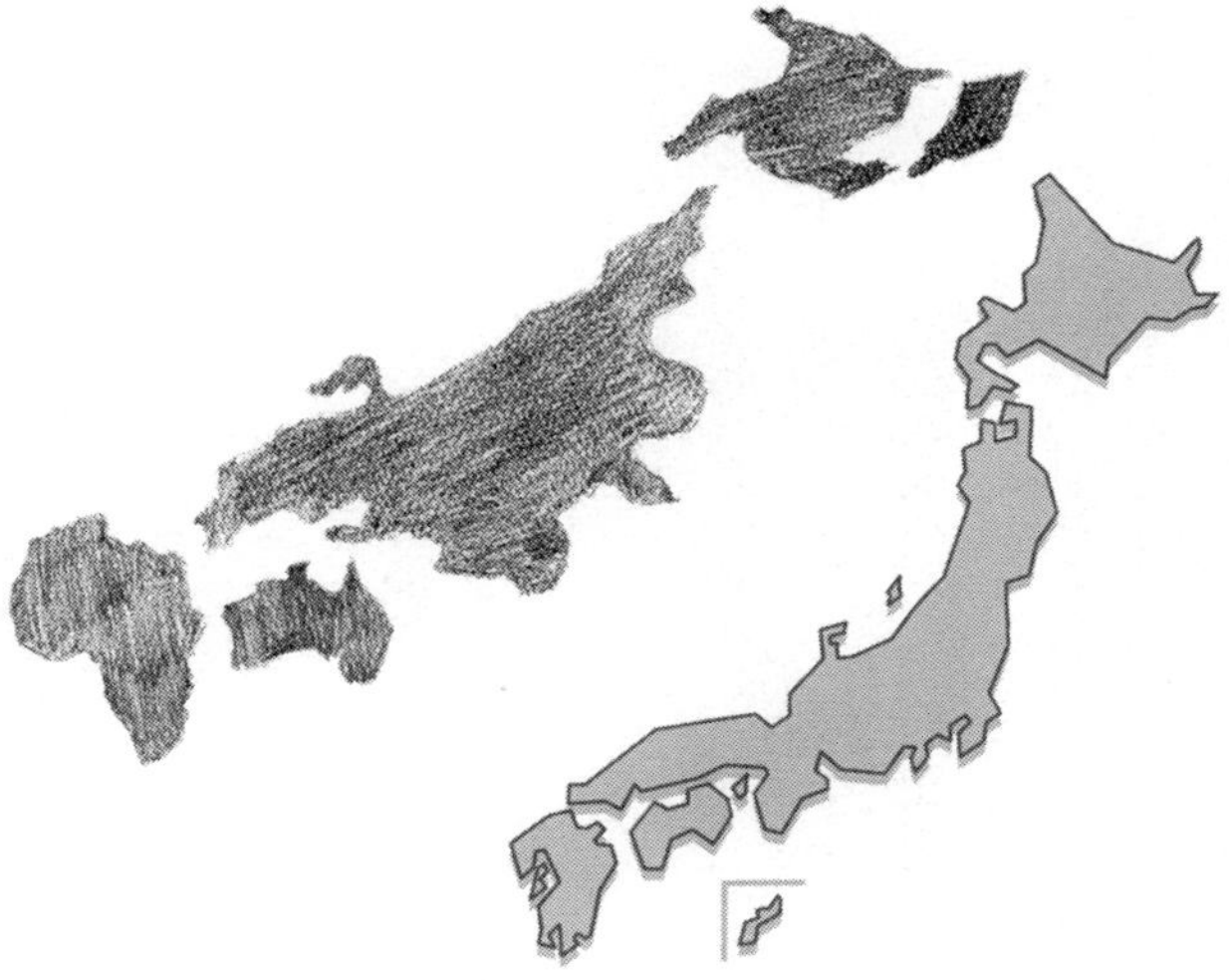

「そう、日本列島に世界の縮図を創ってもらったの」

「また、訳のわからないことを言い始めるんだから……世界の縮図って何よ」

「日本列島と世界の大陸をエネルギーでつなげるようにね……」

「エネルギーでつなげる？」

「たとえばね、北海道……これはね北アメリカ大陸と南アメリカ大陸をつなげた形で、本州はヨーロッパ大陸、四国はオーストラリア大陸、九州はアフリカ大陸……というふうにね。形も似てるでしょ？」


「そう言われれば、似てるよね」

「そしてね、北海道とアメリカ大陸、本州とヨーロッパ大陸・ユーラシア大陸、四国とオーストラリア大陸、九州とアフリカ大陸をエネルギーでつなげたの。エネルギーでつなげると、ムーの波動をその土地にも流すことが出来るのよ。ムーの波動を残している日本列島の軽い波動とアトランティスの波動を残している重い大陸の波動が連動することで、少しでも世界の波動のバランスをとることが出来るんじゃないかと思ったのよ。いいアイディアでしょ？

テラもそのアイディアが気にいってくれたの。

その上で、ムーの子孫の人々に表面に出て来てもらったの」

「ちょっと待って、さっきから表面に出て来てもらったの、戻って来てもらったの……って言ってるけど、ムーの人々ってどこにいたの？」

「あ、そうか、まだ言ってなかったわね……

テラがボンってなった後しばらくは別の惑星に保護してたんだけど、テラが元に戻った頃に、テラの内部に移ってもらってたの」

「内部？　テラの？」

「あ、内部って言っても、あなた達が考えてる内部じゃなくて、次元の違うところ。テラにもいくつも波動領域があるって説明したでしょ？

今あなた達が見ているテラは物質的な領域のテラなの……

そのテラを何万キロ掘ったとしても土？　マグマ？　しか出てこないわ。

そうじゃなくて、テラの内部には多次元領域があって、そこに保護してたのよ。

ムーの子孫たちは、そこでずっと暮らしてたの」


「はぁ〜〜、また理解不能な話しですが……そういうことなんですね」

「そして、テラがボンってなった時に何とか救助出来た百人の人々の子孫がいたから、その彼らにお願いしたってこと。

そして、一万人の人々が、日本列島に住むことを了承してくれたのね。

その彼らに日本列島にバラバラに住んでもらうことにしたの。

百人くらいの村を百か所に作ったって感じかしら。最初は人数が少なかったから、日本列島も寂しかったけど、しばらくするうちにたくさんの子供たちが生まれてきて、どんどん賑やかになっていったわ。それが、縄文の子たち」

「縄文時代のはじまりってわけね」

「あ、それからね、日本列島以外にも行ってもらった子たちもいたの」

「日本列島以外って……そこってレプティリアンの土地で危険な場所なんじゃないの？」

「そう、でもそれを承知で行ってもいいって言ってくれた子たちがいたの。

さっき話した日本列島と他の大陸のエネルギーのことに関係するんだけどね、やっぱり土地だけのエネルギーの連動だけじゃ弱いのよ。人も一緒にいないとね、エネルギーの連動が弱くなってしまうの。だから、エネルギーの連動を安定させるために、あえてそこに住んでムーの波動の流れを創ってもらったの。

とても危険なことなのはわかってるわ。

彼らはとても勇気のある個性エネルギーで、その危険さえも楽しむことが出来るって行ってくれたの。それが、アメリカインディアンやエスキモーやチベットに住む人々やマヤの人々と昔のユダヤ人たち……だから、顔も風習も似てるでしょ？

案の上、彼らも排除されてしまったけどね……」

「そう言うことかぁ〜、エスキモーの人の写真を初めて見た時、隣のおじちゃんかと思ったほど日本人にそっくりでびっくりしたのを覚えてるよ。マヤの人もそうだし、チベットの人もそうだよね……どうしてそんな遠くの人たちがこんなに日本人そっくりなんだろうって不思議で仕方なかったんだよね……どうしてなのか知りたくて俺も調べてみたんだけど、そしたら日ユ同祖論？　とかいう論があったんだけど、それはイスラエルから日本にやって来たとかなんだけど、なんかしっくりこなかったんだよね。だって、イスラエルからわざわざ、はるか遠くの日本まで来る理由がないし、来る方法もないじゃない。

それに、それってイスラエルの人たちだけの話で、そっくりなエスキモーやチベットやマヤの人たちのことは何もないし……なんだかなぁ～って思ってたんだよ……

そっかぁ、日本から世界に散らばって行ったたって言うほうが腑に落ちるかな……やっと訳がわかったよ。

ユダヤの言葉も日本語に似てるって言われてるしね。同じ言葉がたくさんあるらしいよ」

「そうよ、だって、元々が日本列島に住む縄文の子たちと同じ言葉や文化だったんだから」

「文化って？」

「言葉もそうだけど、文字ね。シュメール文明では、何かを書くことを禁じられてた。だから、文字（絵文字）などは無かったの。

そこに文字という文化を持っていったのは縄文の子（ムーの子孫）たち。

世界で最初に文字（絵文字も含めて）を使ったのは縄文の子たちなのよ」

「世界で一番最初に文字を使ったんだ」

「最初は絵文字だったけどね、それがだんだん変形して文字になっていったのよ。こうしてムーの子孫たちは日本列島の百か所とそれぞれの大陸に住んでくれることになったの。世界に散らばって住んでくれたムーの子孫の話をするとまたいろんなところに話が飛んじゃって訳がわからなくなるから、話を日本列島の縄文の子たちに戻すわね。


縄文の子たちは可愛かったわぁ〜〜、いっつも笑っててね、男の子も女の子も、大人も子供も、年なんて関係なく、いっつも遊んで笑ってた。細い棒一つあれば、すぐにそれで大人も子供のようになってみんなで遊びはじめるのよ（笑）

私たちもよく一緒に遊んだわ。

男の子たちは、女の子が笑うのが大好きでね、いっつも女の子たちを笑わせようと、おどけてばかりいたわ。女の子たちもそんな男の子たちを見て声を上げて笑うの。その女の子たちの笑い声を聞いてまた男の子たちも笑う……

どんどん笑いの連鎖が起きるの、ホント楽しかったわ〜。

子供たちもそんな楽しそうな大人たちが大好きで、まわりをグルグル回ってた」

「でも、そんなに遊んでばかりいたら、生活はどうするの？」

「生活って？」
「仕事しなきゃ生きていけないじゃない？」
「それがもうレプティリアンの創ったピラミッド社会的な発想なのよ……仕事ねぇ〜〜。
縄文の子たちは生きること、生活自体が遊びだったの。遊んでることで生きていけたの。
あなた達だってそうなのよ、そんなに目を吊り上げて仕事なんてしなくても
十分生きていけるの。仕事をしなければ生きていけない、頑張って仕事をしなければ
生活が出来なくなる……っていう考え方は、レプティリアン達が搾取しやすいように
あなた達に刷り込んだ考えなの」
「でも、食べ物を探さなきゃ食べられないし、家も必要でしょ、服だって……
それを確保するためには仕事しなきゃダメなんじゃないの？」
「食べ物なんてどこにでもあるわ……今みたいに山も海もスカスカじゃなかったのよ。
食べられる植物はそこら中に生えてるし、ちょっと山に行けば山の幸がたくさんあるし、
ちょっと海や湖に行けば、魚はすぐに獲れる……そんなにムキにならなくても食べ物は
すぐに手に入るの……だから遊び感覚で山に行って果物や木の実を採って、
海に行って魚を獲ってくる……それをみんなで分けて食べるの。
彼らには所有という概念がないの……すべてはテラにもらった物という考え方ね。
誰が獲ってきた物ということさえ考えない……
必要なものはすべてテラが用意してくれるということを知っていたの。

だから、自分だけ取り込もうとか、蓄えておこうとか、そんなことも考えない。

誰かが獲ってきた魚は、テラがみんなにくれたものとしてみんなで食べる。


縄文の子たちは、村みんなで暮らしてたの……生活は、みんなが得意なことをしてただけ。

魚を獲るのが得意な子は魚を獲り、果物を探すのが得意な子は果物を探し、植物を育てるのが得意な子は植物を育て、子供が好きな子は村の子たちの面倒をみるし（子供は村の子、誰かの子ということも考えないの）、そうやって、みんなで手分けして生活してたの。

それはね、決まった役割とかそんなんじゃなくて、その日にやりたいことをするのよ。

得意な事ってひとつじゃないでしょ、やりたい事もひとつじゃない。

だから、魚釣りに行く日もあれば、山菜採りに行く日もあれば、
子どもたちと遊んで終わる日もあるし、
おしゃべりだけで終わる日もある……

好きなことをするの、何をしてもいいの……

誰も何も決めないし、誰もこうしなさいとは言わない。

リーダーみたいにみんなを束ねるとか指導する人もいない……

本当にただそれぞれが好きな事をしているだけで、
みんなの生活は成り立つし、誰も何も困らない。」

「そんな生活、俺には想像も出来ないね。そんなの、ただその日暮らしで生きてるとしか思えないよ。やっぱり、こうして聞いてると、学校で習ったみたいに原始的な生活にしか思えないんだけど……文明的なものは何も感じられないし……」


「文明的な……ってどんなこと？」

「しっかりとした社会がない……」

「社会って何？　ピラミッド型じゃないと社会にならないの？

誰かリーダーがいて、そのリーダーの命令で動くことが社会なの？

誰かの声掛けで一斉に同じことをすることが社会生活なの？

それぞれに好きな事をして、それを提供しあって、
豊かに自由に暮らすことも立派な社会生活だと私は思うけど……」


「それに、後世に残る物を作るとか、建物、家を建てるとか……」

「後世に残る物を作る……って、だって縄文土器があるでしょ？

あれは今も残ってるし、それこそ文明があるから出来たことじゃないの？

縄文土器ってね、高いテクノロジーを持っていなければ作れないの。

あれはね、何千度という高温、なおかつ短時間で一気に焼き上げないと出来ない物なのよ。

そうじゃないと、あの装飾であれだけの硬度は出来ないわ。

硬度がなければ、あの装飾はすぐにボロボロ崩れてしまう、でしょ？　長年土の中に埋もれてたりしたら、なおさらボロボロで見る影もなくなってるはずなのに、しっかりとした形で発掘されてるわよね。もし、あなたが思うように縄文の子たちが焚き火のような火しか使えない原始的な生活をしてたとしたら、どうやってその土器を焼いたのかしら？　今のあなた達の技術でも同じ物は焼けないわよ」

「そう言えば、それは聞いたことあるよ。今の技術を以ってしても、あの縄文土器は作れないって……でもそんなに高度な技術があるなら、もっと縄文時代に文明があった証拠になるような遺跡みたいなのが残っててもおかしくないと思うんだけど……そんなのまったくないよね……だから、みんな原始的な生活をしてたって思うんじゃないの？」

「遺跡って？　建物跡とか、そんな物？」

「そう、古墳とか、大きな建物とか、橋とか、乗り物とか？」

「あのね、縄文の子たちと今のあなた達はまるで考え方が違うの。まるっきり反対だと言ってもいいくらいね」

「反対って？」

「縄文の子たちは、自然と寄り添う生き方をしてたの。壊さない社会。

だから、高い建物も造らなかったし、乗り物も造らなかった。

彼らはね、高いテクノロジーを持っていたわ……だから、造ろうと思えば造れたのよ。

でも、あえて造らなかったの。

前にも言ったけど、彼らはすべてテラからもらっている、借りていると思ってたの。

だから、テラに負担をかけるようなテクノロジーの使い方はしなかったわ。

自分たちの都合で建物を建ててそこに住むのではなく、テラが用意してくれたところを自分たちの住みやすいようにしたってこと。だから、洞窟などに住んでいたのね。

で、その洞窟を彼らのテクノロジーを使って快適な空間にしてたの。

そしてね、歩くことも苦ではなった、むしろ楽しかったのよ……

だから、あえて乗り物なども造らなかった。それに何も急ぐ必要もなかったから、ゆっくりいろんなことを楽しみながら歩いてたわ。

それからね、言い忘れてたけど、縄文の子たちはムーの子たちの子孫でしょ。

だから、超感覚？　超能力？を持っていたの。テレパシーが使えたから電話もいらないし、遠いところにはテレポーテーションで移動出来たの。

だから遠くへ行くときも乗り物はいらない」

「ちょ待ってよ～、テレポーテーションって……

テレパシーまでならなんとなくわかるようになってきたけど、今度はテレポーテーションって……瞬間移動ってやつでしょ？……

ここまでくると、もうありえない世界だわ

「まぁ、彼らはそんなに超感覚は強くなかったから、自然石の波動を借りてたんだけどね。

自然石を波動の増幅装置のように使ってたの。

だから、いろんなところにストーンサークルってあるでしょ。

あれは、まぁ、言うなれば駅みたいな物かしら？」


「ストーンサークルが、駅？」

「そう、駅……たとえば、秋田のストーンサークルから札幌のストーンサークルに瞬間的に移動するための駅、ね」

「またまた理解に苦しむことを……あれは、縄文時代の祭祀に使われたとか、お墓だとかって聞いたよ……駅って、もう笑っちゃうよ、ハハ」

「祭祀やお墓ね……まぁそのくらいしかイメージ出来ないわよねぇ〜〜……

あなた達は自分達の認識？　知識？　で何かわからないものがあると、たいがい祭祀に使ったとか、誰かのお墓だとか？　の説明になるのよねぇ〜〜……

そして、何に使ったかはっきりわからない小さな石なんかは、食べ物などをすりつぶすために使ったとか？」

「そうじゃないの？」

「石を生活の道具として使うこともあったけど、ほとんどは波動の増幅装置として使ってたのよ。手のひらに乗るような平べったい石は、ある意味スマホ？？（笑）」

「スマホ？？」

「そう、その石を手に持って、私たちとテレパシーで話をしていたの。縄文の初期の頃はね、直接会ってもいたのよ。でも、直接会わない時は、電話をするようにテレパシーで話をしてたわ」

「もう、別世界だね……縄文時代は。まるで本当にSF物語を聞いてるみたいだわ」

「教科書や研究者の話とはまったく違ったでしょ（笑）……だって、縄文時代のことは誰も知らないんだから、ストーンサークルとか見ても、自分達がイメージ出来る範囲でしか考えないから、適当な学説になるわけよね」

「そりゃ、教科書も漁猟、採取、狩猟の原始的な時代でした……って、二、三ページで終わるわけだ（笑）

でも、そんなすごい平和で高いテクノロジーを持った文明があったら、また彼らに嫌われるんじゃないの？　また危ない武器を造って攻撃しようとしたりして……」

「それはね、さすがのレプティリアン達もマズイと思ったみたいよ……」

「どういうこと？」

「アトランティスではね、人間に彼らのテクノロジーを教えてたの。だから、危ない武器も造りだしちゃったのよねぇ〜〜。だから、今回は徹底的に情報を隠したの、彼らのテクノロジーを使われないようにね」

「徹底的に隠した？」

「そう、書くことを禁じたの。絶対に何も書いてはいけない……と」

「書くことを禁じることと、テクノロジーはどんな関係があるの？」

「書くことは、情報を伝達出来るってことでしょ。字を書く、字を読むことで知識が増えていくの。学校もそうでしょ、まず字を習い、その字を使うことで、先生からいろんな知識を教えてもらうことが出来る。字が情報の伝達には一番便利なの。覚えて口伝えに伝達していく方法もあるけど、それはとても大変だし、情報も伝える人によってどんどん変わってくるわ。伝言ゲームをイメージすればわかると思うけど正確には伝わっていかない。だから、絵さえも線さえも書くことすべてを禁じたの。絵は字に変わっていくから」

「でも、エジプト文明などでは壁画とか発掘されてたりしてるけど……」

「エジプト文明やメソポタミア文明などは、かなり後の文明で、彼らの支配システムがしっかりと出来上がってたから、少しはゆるくなってきてたの。

今の話は、まだシュメール文明の頃のこと。

シュメール文明は前も言ったけど二万年ほど続いたの。

そして、シュメール文明が出来て三千年ほどしてから縄文時代がはじまった。

ここでもまたアトランティスとムーと同じ構図が出来たの」

「でも前みたいに武器を造るテクノロジーは人間には教えられない……」

「そうレプティリアン達もジレンマを感じてたと思うわ……

縄文の子たちの軽い波動が気に食わない、
かといって前のように武力に頼ることも出来ない、かといって自分達が表に出てきて、
直接縄文の子たちを攻撃したり、支配したりすることも出来ない……」

「どうして？」

「縄文の子たちと私たちは仲良しだったから……同じテクノロジーを持った
私たちがいるのにそんな直接的なことは出来ないでしょ？

あ、もちろん私たちは誰かを攻撃するような武器は持ってないわよ。

でも、私たちがいるとやりにくいわよねぇ～、だって、中学生が幼稚園児をいじめるよう
なものでしょ。その幼稚園児の隣に何もしないとはいえ、同じ中学生がいたらどう？

やっぱり心理的に手を出しにくいわよね」

「そうだね、幼稚園児だけならコソコソ意地悪出来るけど、

横に中学生がいたらやっぱりねぇ〜〜手は出しにくいよねぇ〜〜（笑）」

「そう、こうして一万年ほど二つの文明の間に膠着状態が続いたの。

でも、それは表面的なものだったの」

「表面的なこと？」

「彼らはね、その間に着々と計画を進めていたのよ……」

「計画を進めていたって？　縄文の人々をイジメる計画？」

「イジメる……と言うより、排除するって感じかしら……

とにかく彼らは軽い波動が嫌いなのよ。そして、軽い波動を感じると、それに共振して軽くなる人々も出てくる。軽い波動に共振されてしまうと支配・コントロールしにくくなるわ。だから、軽い波動の人々を排除して、軽いムーの波動を受け継ぐ日本列島も重い波動にしてしまいたいの」

「で、今度はどういう手を使ってきたの？　武器は使えないんでしょ？」

「本当に彼らもよく考えると思うわ。

今度はね、ソフトランディング方式を使ってきたのよ」

「ソフトランディング方式？」

「そう、気がつかないうちに日本列島に入り込んでくる方法」

「何それ？」

「ちょっと前にテラに関与している宇宙人は何種族もいるって言ったでしょ？」

「そうだっけ？」

「そうなのよ、言ったと思うけど？」

「ハハ、で？」

「テラに一番大きく関与していたのがレプティリアン、そして、そのほかにもナーガ（半身蛇族）

金髪碧眼の宇宙種族などが、関与してたの（今もだけどね）

そしてね、それぞれに受け持つ場所があったのね」

「受け持つ場所？」

「そう、全体的にはレプティリアンが支配してるんだけど、その手下？　部下？　的な宇宙人達がいるの。それがナーガや金髪碧眼の種族ね」

「レプティリアンに部下？　そこでもピラミッド型なの？」

「そう、彼らは基本的に弱肉強食だから、強いものに従う形をとる。どちらの種族もレプティリアンと同じように重いエネルギーを好む種族なのよ。種族は違っても考え方は同じ」

「で、そのレプティリアン以外の種族が今回の計画にどう関係するの？」
「あ、そうだったわね、その話ね。
レプティリアンの下にいる種族は担当する場所が決まってるの。
ナーガは、今でいうインドから中国、朝鮮半島あたりの担当で、
金髪碧眼の種族は北欧あたりを担当してたのね。
そしてね、今度はナーガがレプティリアンに代わって
日本列島に関わってくることになったの」
「どうやって？」
「少しずつ、少しずつ、大陸から（ナーガが支配・コントロールしている）人達が
日本列島に移住してきたの。長い時間をかけてね」

第七章　大陸から支配された弥生時代

「いつ頃から？」

「縄文時代の中期あたりからかしらね。本当に少しずつ、少しずつね……自然な形を装って、ゆっくりゆっくり移住してきたの」

「もちろん、縄文の人々は……」

「そうね、ウエルカムよね。何度も言うけど縄文の子たちには所有という概念がないから、土地もテラに借りてるものと考えてる。だから誰が来て、そこに住んでも何も思わないの。それどころか、一緒に仲良く暮らしましょう……という感じかしら」

「で、その大陸から来た移住者はどうしたの？」

「一緒に仲良く暮らしているうちに大陸から来た人達との間に子供が生まれてくるわよね。縄文の子と大陸の人のハーフ達」

「成り行き的にはそうなるよね……それが何か問題でも？」

「超感覚を無くし始めたのよ」

「超感覚を無くす？」

「縄文の子たちは、切られたＤＮＡが繋がって超感覚を持ったムーの子孫たちでしょ。だから、自然石の力を借りながらも超感覚、テレパシーやテレポーテーションも出来たわよね。でも、大陸の人の血を受け継いだハーフ達の中には、その感覚を持っていない子が生まれてきた。

そして、どんどん移住者が増えてそのハーフが増えるにつけ、超感覚を持たない人達が増えていったのよ」

「超感覚を無くすと、どうなるの？」


「まず私たちと話が出来なくなるわ」

「さくやさんたちと？」

「縄文の子たちは私たちといつも話をしてたのよ。

初期の頃は直接会ったりもしてたし、会えない時はテレパシーで話をしていた。

だから、宇宙の真実、波動エネルギーのこともよく知っていたわ。

でも話が出来なくなるにつれ、考え方も変わっていったの」

「考え方？」


「そう、所有ということに重きを置き始めたってこと」

「所有ねぇ……」

「いま話しているのは、五、六年の話じゃないの。何千年もかけてゆっくり変わっていったの。誰も気がつかないように、ゆっくりゆっくり考え方が変わっていったの。というより、考え方を変えられていった……っていうほうが当たってるかしら」

「変えられた……っていうことは」

「そう、ナーガの人達の計画ね」

「それがソフトランディング方式？」

「そう、何千年という時間をかけて、中から少しずつ変えていったのよ。そしてね、もう機が熟したと思われた縄文時代の後期に一斉に大量に大陸から移住者が入って来た。それが弥生時代の始まりってこと」

「そんなに長い時間をかけてまで、縄文の人たち？日本列島に住む人々を排除？支配？したかったの？」

「私たちもそうだけど、宇宙人にとって時間は関係ないのよ。あなた達みたいに短命じゃないからね。あなたから見るとすごく長い時間に思うかもしれないけど、宇宙人にとってはそんなに長い時間じゃないのよ」

「何千年っていうことは、何世代交代くらいなんだろうなぁ〜〜、百年で三世代として千年で三十世代、五千年で百五十世代？？……そりゃ大きく変わるよね。で、結局何が変わっていったの？」

「だから、所有することにみんなが重きを置き始めたの」

「えっと、実は所有の概念がよくわからないんだけど……

結局、何がどうなっていったの？」

「そうね、今のあなた達の社会では当たり前すぎてわからなくなってるのね。

土地って誰のもの？」


「所有者のもの？　だよね。土地を買った人のもの？」

「それは誰が売ってるの？」

「もともと持ってる人が売る？」

「ずっと前にその土地を持ってる人って誰？」

「その買った土地は、誰のものだったの？」

「そんなのは、ずっとずっと前から持ってた人の土地だったんでしょ？

根本的には国のもの？」


「話は違うけど、火星の土地は誰のもの？」

「火星？　ずいぶん話が跳ぶねぇ。　火星は惑星だから誰のものでもないでしょ？

誰も住んでないんだし……」

「火星は誰のものでもないのにどうしてテラは誰かの土地になるの？」

「さくやさん、言いたいことがよくわからないんだけど……」

「火星は誰のものでもないのに、どうして同じ惑星のテラの土地は
誰かのものと言えるの？　ってこと。テラの土地はテラのものでしょ？」

「でも、テラには人が住んでるから、だから、誰かの土地になるんだよね……」

「あなたの身体は、誰のもの？」

「え？　俺の身体は俺のものでしょ？　変なこと聞かないでよ」

「じゃあ、同じ意識体としてのテラも同じじゃないの？

テラの身体はテラのものであって、その表面に住んでる人のものじゃないよね。

それを自分の土地だと言って所有することがおかしくないかしら……って言いたいの。

誰が誰の許可を得てテラの身体の一部を所有出来るのかしら？

そして、誰が売ったり買ったりを許可する権利を持ってるのかしら？」

「そう言われれば、そうだよね。当たり前のように土地は売買するものだと思ってた」

「縄文の頃と弥生になってからの大きな違いはそこなのよ。

縄文の頃は土地は借りているもの、住まわせてもらってるものだったけど、
弥生になってから土地は所有するものとして考えるようになった。

だから、争いばかりの社会になったのよ。

縄文後期に大陸から移住してきた力（腕力）の強い人達が、ここからここまでは自分の土地だと主張しはじめた。何の根拠もないのに、自分で勝手に言い出したの。

それに異義を唱える人々は力ずくで押さえつけられ何も言えなくなった。

そして、自分の土地で獲れる作物は、自分の物だとも言い出した。

土地の面積が広いほど作物は多く獲れる。

そして、土地がなくて作物を作ることが出来ない人々は、その力の強い人の土地を使わせてもらって作物を育て、育った作物の多くを地主に献上することになる。

これがまぁいわゆる使用料ね。だから、力が強くて土地をたくさん持っている人は何もしなくても使用料（作物）が入ってきて豊かになり、
力の弱い人は地主の土地を借りる分、作物も多く献上させられる。

ここに貧富の差が出来てきた。

土地を持ってる人が、持ってない人から搾取する構図はここから出来たのよ。

そして、力の強い人は何人もいるでしょ……
今度は、その人達が土地の取り合いを始めるの。
Aの土地持ちとBの土地持ちとCの土地持ちがいて、
その中でCは、Aより弱かったから、AはCの土地も取り上げて大きなDとなる。

今度は、DとBが取り合いをして、DがBに負けて土地を取り上げられる……

結局AとCはBのものとなり、大きなEという土地になる。

これがどんどん繰り返されたってことね。


弥生時代は、まぁこういう感じの時代だったたってこと。

ある意味、戦国時代に似た時代ね。

誰が天下を統一するか……という時代」


「そんな殺伐とした時代だったんだぁ。文明のなかった縄文時代から、稲作が始まり、やっと人間らしい生活が出来るようになった時代だと思ってたよ。

所有というのはそういうことなんだね、やっとわかったよ」

「所有という概念を持ってしまうと、土地だけじゃなくて、作物（財産）に、あげくには人まで所有したくなる、自分の都合の良いように人まで支配・コントロールしたくなるのよ。奴隷制度っていうのはその最たるものでしょ。

同じ人間を買ったり売ったりするなんて、何の権利があるの？って思わない？」

「そうだよね……ホントおかしいと思う」

「こうしてね、どんどん力の強い人が他の人々を飲み込んでいったの。

さっきも言ったようにAとBが戦ってCという勢力が出来、

CとDが戦ってEという勢力になる。
大きな勢力がいくつか日本列島に出来てきたの。それだとまだ日本列島はバラバラでしょ。
バラバラだとうまく日本列島を制圧出来ないのね。だから、日本列島全体において
ナーガの支配を確固たるものにするために、今度は宗教という概念を使ったの」

「宗教……」
「そう、すでにだいぶ前から西洋（アトランティスの流れをくむ文明）では、
宗教を使って支配・コントロールすることが始まっていたの」
「宗教を使うって、どうやって？」

「〝神〟という存在を創りだしたのよ。自分達を〝神〟だと言い出したの。

〝全知全能の神〟その〝神〟は人間を創りだし、すべてを見通す素晴らしい存在、
その存在には絶対的な服従をしなければいけない……と人間たちに教え込んだの。

〝神〟が言うことが絶対的に正しいことで、それ以外のことをすると罰が下されるとね。

あれをしてはいけない、これをしてはいけない、これをしなければいけない……

いちいち指図したわけ。

そして、少しでもそれに従わない人間がいれば、力でねじ伏せたの。

彼らはテクノロジーがあるでしょ……だから、稲妻などはすぐに作り出すことはできる。

テクノロジー、知識を持っていない人間にとってはびっくりするような出来事を他にもたくさん見せ、奇跡を起こせる自分達はすごいんだと思わせた。(知ってる者がみれば、すぐに種明かしできるような簡単なマジックみたいなものだったんだけどね、でも知らない人間達は驚いてひれ伏したわ)

そして、従わない人間に天罰と称して稲妻を落としたりするの。みんなの前でね。それを見た人達は、〝神〟を怖れ、ひれ伏し、何でも服従するようになる。これは(恐怖を与えるというのは)支配・コントロールするためにはとても効率的だった。

こうして西洋では、〝神〟という概念が始まり、人々は何でも〝神〟を恐れ、〝神〟の言うことを聞くようになったのよ。今でもそうでしょ？〝神〟が正義だと教えられ、〝神〟の言うとおりに生きなさいと言われ、それを信じている人達が世界中にいるわ。〝神〟という名の下で戦争さえしてる」

「〝神〟と呼ばれている存在は……宇宙人、レプティリアンだったってことなの？」

「そういうことね。だから、〝神〟は何人もいるでしょ？」

「〝神〟って一人じゃないの？」

「一人の〝神〟という概念が出来たのはずっと後期になってから……ギリシャ神話知ってる？　神話って言うくらいだから〝神〟の話よね。

ギリシャ神話にはたくさんの神が登場するでしょ？

そして、神同士で戦ったり、女性を取り合ったり、物を盗んだり……

今宗教で言われてる、〝してはいけません〟っていうことばかりしてないかしら？

矛盾よね、ホント。　それはね〝神〟はあなた達が思ってるような全知全能で
人格的にも素晴らしい〝愛〟にあふれたものじゃないからなの……

だって、普通の、それも弱肉強食の宇宙人なんだから。

でも、さすがに後期になって人間達も何かおかしいなって気が付きはじめたから、
まったく自分達とは違う〝愛〟にあふれた〝神〟〝救い主〟的なイメージを創りだして、
今度はそれを崇拝させるようにさせたの……

それが今あなた達が崇拝しているひとりの〝神〟一神教と呼ばれる宗教ね。

だから、一神教で言われているようなそんな〝愛〟にあふれた〝神〟はいないの。

レプティリアンが〝神〟のイメージを刷新させるために創りだした物語ってことね」


「もうね、びっくりして何も言えないんだけど……」

「そうね、こんなこと教える人、誰もいないものね。

でもね、これがあなた達が教えられてきた〝神〟の真実なの」

「〝神〟が宇宙人だったなんて……

でも、昔ギリシャ神話を読んだ時に確かに何かおかしいなとは思ったんだよ……

素晴らしい存在だと言われてた神さま達が、神話の中でやってることって酷いことばかりじゃないのって。そして、何人も神がいるってことも疑問だったしね……宇宙人達だって言われれば、ギリシャ神話の中の神さま達の行いが納得できるよ」

「そして、その〝神〟という概念を、ナーガも使おうと思ったの。バラバラだった日本列島を〝神〟〝宗教〟という概念で統一しようとしたの。でもね、ここでちょっと問題があって、西洋と同じ〝神〟にはなれなかったの」

「問題って？」

「何度も言うけど、初期の縄文の子たちは、所有の概念も宗教的概念もまったくなかった。それはね、私たちがワンネスを伝えてたから。すべては絶対無限の存在の分かれたもの（波）であって、波動エネルギーで出来ていること、すべては同じ存在だということを知ってた。だから特別な存在である〝神〟がいるなどとは、まったく考えなかった。原始宗教的な、アニミズムやシャーマニズムのような自然崇拝をする習慣があったみたいに言う人もいるけど、そんなものもなかったわ。自然とともに生きるという意味では自然を大切にしてたけど、自分より偉い存在に対して祈るなどということはまったくなかったのよ。太陽も月も海も山も動物も植物も鉱物もすべて自分と同じ存在であって、崇めるものではないということを知っていたの。

そこに、ナーガは少しずつ少しずつ宗教的概念を持ち込んできたの」

「どうやって？」

「いくら縄文の後期から弥生になって、考え方が変わってきたと言っても、やっぱり昔から語り継がれていることがあるわ。少しずつでも波動エネルギーや宇宙人のことなどは語り継がれていたのね。

そして、日本列島の波動もムーの波動を受け継いでいるから軽かったの。

だから、西洋のようにただただ力ずくで怖がらせて、ねじ伏せるようなやり方が出来なかった。

そこで、ナーガは考えたのよ……」


「どうしようとしたの？」

「力でねじ伏せられないなら、尊敬される立場になればいいってね……」

「尊敬される立場？」

「そう、それなら出来るってね……だって、宇宙人のことは知ってるし、宇宙人と仲良くしていたことも知ってる……

ならば、その宇宙人の名前を借りて、少しずつ尊敬される〝神〟を創ればいいと考えたの」

「いやいや、いやいや……意味がさっぱりわからないんだけど……

宇宙人をどうやって〝神〟にするの？　だって、宇宙人を知ってるんでしょ？」

「そこよ、縄文の初期の子たちは実際に私たちに直接会ったりしてるから、確信が持てたでしょ……でも、縄文の後期になるにつれ大陸の人達の血が入ってきて、超感覚を持てなくなってる人が増えた……って言ったでしょ。

その後期の子たちも口伝えに私たちの事は聞いてた。だから、私たちの名前は知ってたの」

「さくやさんのことを？」

「そうね、あなた達と友達として付き合ってたドラコニアンは何人もいるの。

私はさくや、そしてくくりという名前のドラコニアンもいるし、

せおりつという名前もいたし、にぎはやひと呼ばれるドラコニアンもいるわ、他には

……」

「ちょっと待って、それって、もしかして……」

「そう、日本書紀やら、古事記やらに出てくる〝神〟の名前ね……」

「え？……どういうこと？　さくやさんたちが〝神さま〟になった？

そんなことないよね……え……？　どういうこと？」

「そこなのよ……ややこしいでしょ？　ここからややこしい話になっていくからしっかりと聞いてね。縄文の初期の頃は、私たちは直接縄文の子たちと会ってた。

そして、直接会わない時もテレパシーで話をしていた。ここまでは大丈夫よね」

「そう、何回も聞いたしね」

「そしてね、名前の事なんだけど、私たちに名前は無いの」

「え？　でもさくやさんって名前があるよね」

「それは、あなた達がつけた名前……私たち宇宙人は名前は使わないのよ。

名前じゃなくて、個性のエネルギーで個を認識するの。

このエネルギーはこの人……って感じね」

「個性のエネルギーで認識するって……」

「あなた達もやってるわ……仲のいい人なら、目をつぶっていても近寄って来たら誰かわかるでしょ？　だーれだ、って目隠しをして誰かをあてるっていう遊びするでしょ？

あれはね、その人の個性のエネルギーを覚えてて、その人だってわかるからなのよ」

「そう言えば、目をつぶっていてもよく知ってる人なら雰囲気でわかるよ」

「それよ、雰囲気……それが個性のエネルギーなの。

そうやってね、私たちは個性のエネルギーで認識しあってるから、名前は必要ないの。

でもね、縄文の子たちはそこまで個性のエネルギーを認識することが出来なかったの、
だから、個性のエネルギーを認識するための補助として私たちに名前を付けたの。

それが、さくや、くくり、せおりつ、にぎはやひ……などという名前なの」

「あ〜、そう言うことね。で、その名前がなんでそんな〝神さま〟になっちゃったの？」

「その名前を、ナーガが使ったの……」
「ナーガが、ドラコニアンの名前を使って、なりすましたって理解していいのかな？」
「そう、そういうこと。
縄文の後期の子たちは、私たちと直接会ったり、話をしたりすることが出来なかった。
でも、名前だけは知ってた。そしてその名前は良いイメージとして受け継がれてきた。
そうよね、友達として仲良くしていたんだから。
だから、名前を聞けばすぐに信用してしまうの。
たとえば、名前を電話番号のようなものだと思ってもらっていいわ。
縄文の初期の頃は、個性のエネルギーを感じることが出来た。
だから、名前と個性のエネルギーが一致しなければすぐにわかったわ。
でも、後期の子たちは超感覚をかなり失ってしまっていたから、
個性のエネルギーを感じることが出来なかった、

名前だけを頼りにするしかなくなっていたの。

電話番号だけを知ってる状態ね。電話番号は知ってるけど、かけてる相手が誰かわからないって感じになったの。

そして、それよりも後期の縄文の子たちは、自分で電話をかけることさえ、話をすることさえできなくなってしまってるから、電話番号を知ってるだけになった」


「電話番号は知ってるけど、自分で電話することは出来ない……って言うことは、誰も宇宙人と話が出来なくなったってこと？」


「中にはまだ超感覚を少し残していて、電話をかけることも出来たし、話をすることも出来た人もいた。少数だけどね。

でもね、その人達も知ってるのは電話番号だけなの。

相手が誰かわからないで電話してたの。

そして、その相手が自分はさくやです……と言ったら、電話をかけた人は言い伝えで聞いたことのある懐かしい名前の宇宙人だと思ってしまう。

こうして、私たちの名前を使って、ナーガは縄文の後期の子たちと交流を持ち始めたの。

縄文の後期から、どっと大陸から弥生系の人達が入って来た頃には、もうナーガ達が私たちドラコニアンと入れ替わっていたわ。

縄文の初期の頃から付き合いのある信用できる宇宙人から、だんだん知識をもたらしてくれる尊敬する宇宙人になっていって、そのうち自分達人間を導いてくれる〝神さま〟的な存在として崇められるように持っていったの」

「そうだったのかぁ～、電話番号ねぇ～～。うまいこと考えるね」

「ホント、よく考えたと思うわ……って関心してる場合じゃないけどね。名前も少しずつ変えていって、さくやから、もっと尊敬されやすいように仰々しい名前に変えていったの。木花咲耶姫、菊理媛尊、とかね。姫になっちゃってる、わざわざ覚えにくい名前にしたりしてね。その方が尊い感じがするでしょ。この流れで日本列島はナーガが統一していったの」

「弥生時代あたりから、なんだか訳がわからないんだけど……俺が教わった歴史だと、弥生時代からすぐに大和朝廷（古墳時代）になったらしいんだけど、そこの流れはどうなってる？

弥生から大和朝廷になったって言葉で言えばすぐなんだけど、でもその間に二百年以上あるんだよねぇ～、その間何があったの？」

「ナーガが〝神〟として君臨するための準備期間ね」

「それ、どういうこと?」

「あなた達がずいぶん論争している件があるでしょ?……」

「論争してる?……何だろう?……」

第八章　卑弥呼が八人？……邪馬台国は、和歌山？

「あ！　もしかして卑弥呼？　邪馬台国？　」
「そう、卑弥呼は特別な立場をつくるために、意図的に創りあげた存在なの。
卑弥呼自体はどうでもよくて、この〝神〟と話が出来る立場の人間が必要だったの。
そして、この〝神〟と話をする人という存在が
後々日本列島にとって重要になってくるのよ」
「卑弥呼じゃなくて、〝神〟と話が出来る立場の人間が必要だった？
卑弥呼は、巫女？　シャーマン？　でしょ？
ということは、シャーマンが必要だったってこと？
シャーマンと日本列島の歴史に何の関わりがあるの？」
「まずね、卑弥呼が邪馬台国を率いた……それが、後にだんだん古墳時代になって、
大和朝廷になっていった……邪馬台国が大和朝廷のきっかけになったってこと……
それが日本列島を統一するための準備期間なのよ」

「ますますわからなくなってきた。卑弥呼って本当にいたの？

いないという学説もあるし、いるっていう学者もいる。

そして邪馬台国に関しては、まったくみんなの意見がグチャグチャで
訳がわからなくなってるよ」

「そりゃ、訳がわからなくなるわよ……だって、卑弥呼はたくさんいたんだから……」

「出たぁ～、はい、意味がわかりません。卑弥呼がたくさんいるって？？？？」


「卑弥呼はたくさんいたのよ……そうね、八人くらいはいたかな……」

「卑弥呼が八人？　卑弥呼が八人？　え？　卑弥呼が八人？」

「そう、卑弥呼は八人くらいいたの……小さな？　名前が売れてない？

卑弥呼もいたから、もう少し多かったかな？」

「ちょっとぉ～、その小さな？　名前の売れてない？　卑弥呼って何よ……

名前が売れてる、売れてないじゃなくて、そもそも卑弥呼って名前があるじゃないの」

「そうねぇ、どう説明すればいいかな？

そうそう、ＡＫＢ48っていうグループあるでしょ？　あんな感じね」

「はぁ～～？　ＡＫＢ48？　ますます意味がわからないよ～」

「和歌山卑弥呼、九州卑弥呼、東北卑弥呼……みたいにね……

地方に有名な？　売れてる？　卑弥呼が八人いたの。

でね、それぞれにプロデューサーが付いてて、プロデュースしてたのよ。
だからＡＫＢ48みたいな感じって言ったの。
卑弥呼と呼ばれるシャーマンが八人いたってこと。
だから、あちこちに卑弥呼の痕跡が残ってるの。
その中で和歌山のプロデューサーが一番実力があって、
和歌山の卑弥呼が一番有名だった……だから、卑弥呼は和歌山にいた、
邪馬台国は和歌山にあったっていう説が正しいかな」
「頭溶けそうだよ」
「卑弥呼は、ある意味シャーマンの総称なの。
卑弥呼を一人の人の名前だと思ってしまったから、いろんな説が出てきて混乱するの。
そして、一番人気のあった卑弥呼は和歌山の卑弥呼だったわ」

「あ〜、そう……和歌山の卑弥呼ねぇ……これであっけなく論争は片付いたわけだ……」

「だから言ったじゃない、卑弥呼自体はそんなに重要じゃないって。

ナーガにとって重要だったのは、そういう立場を作ること……

シャーマンという立場を確固たるものにすることだったの」

「また、シャーマン？　そんなにシャーマンが大切だったの？」

「そう、だから、アイドル的な卑弥呼を使ったのよ。今のあなた達と一緒でね、

弥生の人達も若くて可愛い女性には無邪気に警戒心持たずに心を開くのよ。同じシャーマンでも、いかつい、強面の男よりもいいでしょ？」

「まぁ、そりゃねぇ～」

「だから、人気投票みたいな事をして、みんなの目をシャーマンである卑弥呼に向けたの。そしてね、好感を持たせたところに、シャーマンとしての役目を発揮させたの」

「シャーマンとしての役目？」

「これが目的……〝神〟からのお告げを伝えるという役目」


「そうか！　そういうことか。

〝神〟としてのナーガの言葉を、庶民に伝える役目が必要だったのか。そのための卑弥呼、シャーマンだったたってことか」

「そう、やっとわかった？　だから、最初は好感度が必要だったの。怖くて、いかつい男よりも、アイドルみたいな女の子の方が受け入れやすいでしょ？特にレプティリアンみたいに力ずくで押さえつけることが出来ないナーガにとっては、イメージがとても大切になってくるの。

こうしてゆっくりと準備を整え、ゆっくりと〝神〟としての立場を確立させて、ナーガは〝神〟として日本列島に君臨し始めたってこと」

「これが、日本の〝神〟の真実……」

「そう、あなた達が〝神〟として神社に奉っているのは、ナーガという種族の宇宙人」

「西洋の〝神〟はレプティリアンで、日本の〝神〟はナーガ……」

「そしてね、卑弥呼で〝神〟と話が出来る特別な存在という立場を確固とし、自分達も〝神〟という立場を確固としたうえで、日本列島の統一に着手し始めた。ここからが、古墳時代、大和朝廷となっていくわけよ」


「ここから、どういう流れになっていくの？」

「卑弥呼でシャーマンのイメージを上げていく間も、世間は土地の取り合いが続いていた。豪族と呼ばれる人達もたくさん出てきた……

列島を統一するためには、その人達を束ねる人が必要となってくるわ。

そこでシャーマンを使ったの」

「卑弥呼？」

「その時には、卑弥呼は彼らにとってはもう用済み。

今度は日本を統一する力強いイメージのシャーマンが必要となってきたの。

だから、力を持った男のシャーマン」

「男のシャーマン……」

「豪族の中でもシャーマンの素質を持った人がいた。その人物を使ったの」

「どうやって？」


「ここにね、あなた達が大好きな神社というものが出てくるのよ」

「日本統一とシャーマンと神社……どこに接点があるのかな？」

「まずね、日本列島を〝神〟が創ったという話を人々に刷り込むの。

もちろん、〝神〟はナーガよ。今まで周到に準備をしてきて、今だと思った頃に自分達が日本列島を創り、人間を創った〝神〟だと言い出したの。


これは余談だけどね、その頃の話として日本書紀とか古事記という物語が残ってるでしょ……あれもレプティリアンの話（ギリシャ神話）と同じで、たくさんの神が出てきて、その神同士が戦ったり、盗み合ったりしてるわよね。それはね、重い波動エネルギーを好む宇宙人だからそういう話になるの。何度も言うけど〝愛〟を説いている〝神〟とはずいぶんかけ離れてるわよね。

ホント、矛盾じゃない？

話しを戻すわね。

そしてね、その頃、ナーガ達は違う次元に身を隠したの」

「違う次元って？」

「異次元と言われるところ……次元の話はしたでしょ。物質のまわりにはたくさんの違う波動領域があるって。テラにももちろんたくさんの波動領域があるの。重い波動領域もあれば軽い波動領域もある。物質として表現する次元と、物質化せずにエネルギーだけで表現する次元もある。あなた達は、物質として個性のエネルギーを表現する次元にいるのね。そして、その隣？　みたいなところにあるのが同じ波動領域でも物質化しない次元がある。いわゆる、お化けとか、妖怪とか、精霊とか、眷属と呼ばれてる存在達がいるところ。それを私たちは異次元と呼んでるんだけどね、波動的にはあなた達と変わらないところ。そこに隠れたの。彼らは波動エネルギーのことをよく知ってるから、自分の身体の波動エネルギーを自由に物質化したり、エネルギー体になったりすることが出来るの。わかるかな？」

「よくわからないけど、とにかく物質的な目で見えたり、耳で聞こえないところ……って考えればいいのかな？」

「まぁ、そんな感じね」

「でも、どうしてワザワザそんなめんどくさいことをしたの？」

「その方が有難みが出るから……」

「有難み？」

「早い話が神秘的になるでしょ……

〝神〟として君臨するためには、神秘的なイメージを持たせた方がいいのよ。

ナーガの人達はイメージを使うのが上手なの」

「神秘的なイメージって……」

「お化けもそうだけど、正体が眼で見えたら怖くもなんともないでしょ？」

「そりゃそうだよ……眼で見えたら怖くないよね。見えないから怖いんだから……」

「だから、眼で見えない所に隠れたの……

正体を見せない方が神秘性が高まって、もっと尊敬されるようになるから……」

「そう言うことね……怖さも出るしね。怒らしたら怖いぞ的な……」

「そして、特別な幕を張って建てた場所を人間に作らせたの。シャーマンを通してね。

超感覚を持っている人だけが、異次元のナーガと話が出来る。

お化けが見える、お化けの声が聞こえる……っていう人と同じこと。

それが、ナーガという〝神〟と話が出来るシャーマンという特別な存在になるの」

「どうして幕？」

「外から何も見えないようにするため。幕の中だけが特別な神聖な場所で、
その幕の中だけ直接〝神〟と会うことが出来るという設定を作り上げた。

そして、崇高で素晴らしい〝神〟に選ばれた特別な人だけが幕の中に入り、〝神〟からお告げをいただくことが出来る。

神からのお告げをいただいた特別な人は、幕の外に出て来て庶民に神はこうおっしゃっています……と告げるの。その特別な存在が神官と呼ばれる人……その神官が人間の中で一番偉い存在だということにして、神のお告げをもとに日本列島を統一することにしたの。人間の中で唯一神と話が出来る尊い存在……その神官を今は〝天皇〟と呼んでるのよ」

「神官が天皇……でも、天皇は神だとされた時代もあったよね。現人神っていうの？昭和になって戦争に負けてから神である天皇も人間になります宣言？っていうのをしたと聞いたよ……ということは、天皇は神の子孫？　ナーガの宇宙人？ん？　まったくわからなくなってきたぞ……と」

「後付の話が多すぎて、訳がわからなくなってしまってるのよ」

「後付って……」

「とにかく、神官を中心に日本列島を統一（支配）したかったのね、だから、後々になって神官じゃ力不足な感じになったの。

天皇は神の子だという立場を無理やり創り出しのよ……

その方がもっと神秘的になって、尊敬という感情が強まって日本の人達を支配することが出来るから。
あのね、古事記も日本書紀も後付の話ばかりなのよ……
ちょっと矛盾が出てきたら後付で何とか補う的な感じでどんどんまったく関係ない話まで
が付け加えられた。だから、さっぱり訳のわからない物語になってしまってるの……
とにかくどこからか（高天原？　天？）神が現れました。
この時点で何の根拠もないでしょ……そして、その神達が日本列島を創りました。
これも科学的な根拠も何もなく、
ただ棒で海をグルグルかき回してその棒の先からポタッと落ちた水が島になりました、
それが日本列島です的な話しよね。
そんな後付のつぎはぎだらけの（もともと最初からが嘘の話なんだけどね）物語を
いくら研究しても真実は絶対にわからないわよ。

天皇は、神官として特別な存在だった。そして、その神官を頂点に（その上にもちろん
ナーガがいるんだけどね）日本列島を統一したのが真実。だから天皇は神の子孫ではない。
そしてね、もう一つ言っちゃうとね、最初の天皇からずっと血筋は引き継がれてるって
言われてるけど（万世一系）、そんなことはまったくないからね。
代々で、その時の権力者によって天皇は替わってるの。
ずっと同じ血筋が続いてるわけじゃないのよ。

ずっと何千年も前から血がつながってる（神の子孫である）といったほうが、有難みが出るでしょ。ただそれだけのことなのよ」

「古事記や日本書紀をもとに、みんな天皇を崇めてるんでしょ？

そんなこと知ったら、みんなびっくりするよね……」

「っていうか、あなた達は今は科学万能で、

科学的に証明出来ないものは信じないし、無い……って言いながら、

どうしてそんなところを信じるのか？　私にはまったく理解できないわ。

科学からほど遠い昔話、何の根拠もない創り話を信じて、

まだ天皇を神のように崇めたてて、

天皇中心の国創り（システム創り）をしてるんだから、意味がわからないわ」

「いや、そう言われても天皇は国の象徴だし……天皇の国だって言う人もいるよ……」

「それだけ洗脳が深いってことね。もうそれに関して考える力もないっていう思考停止ね。

いい、すべては同じ、ワンネスだということを思い出してちょうだい……

すべては絶対無限の存在の分身、尊い人も、特別な人も、上も下もないの……

みんな同じで平等なの。それがわかれば、古事記やに日本書紀などが

後から創られた作り話だってすぐにわかるのにね。

とにかく、何が何でもナーガは天皇（神官）をトップにしたピラミッド社会を日本列島に創りたかったの。ただそれだけの話を複雑怪奇なものにして、あなた達庶民が真実にたどり着かないようにわかりにくくしたの」

「もう、さくやさんにかかったら、神話も天皇も身も蓋もないよね。みんな怒るよ」

「怒られても、それが真実なんだから仕方ないでしょ……

私は日本の歴史の真実を伝えてるんだから……

その真実がわからないから、歴史は繰り返されたのよね。

歴史を繰り返さないためにも、真実を知って欲しいの」

「今まで教えられてきたこと、世間の常識が音を立てて崩れていくよ、まったく」

第九章　神社の知られざる真実

「もっと常識が崩れることになると思うけど、
今度は、神社について少し話をしたいと思う。
もうわかってると思うけど、宇宙人と神官が直接会ったとされている幕の内……
それが後に神社という建物になったってことね」
「そう言えば、神社って幕が多いよね……そういうことか、その名残りってことだね。
でもそこは謁見場所で、それ以上の意味はないんでしょ？」
「そうじゃないのよ……神社の建物より問題なのは鳥居ね」

「鳥居？　神社に入る時にくぐる鳥居？　それが問題って、何の問題があるの？」

「鳥居はね、神社の裏の役目を持ってるの？」

「出たよ、神社の裏の役目……意味がわからない。

神さまがいるとされてるところに裏の役目って……」

「鳥居ってね、波動調整装置なの」

「マジっすか！　勘弁してくれよ〜〜、
今度は、鳥居が波動調整装置だと……どこの陳腐なSF小説だよ。
それってどこかのB級作品で見たことあるような話だよ。

「信じなくていいから、聞くだけでも聞いて」

「一応聞きますけどね……鳥居が波動調整装置なんですすね……それはどういうことですか？」

「鳥居は、日本列島に打ち込まれた死に針なの」

「死に針？　何それ？」

「針治療って知ってるでしょ？」

「知ってるよ、身体が不調な時にツボに針を刺して治すっていう治療法でしょ」

「そう、それを反対に使ったの。身体に経穴ってあるのは知ってるわね、
ツボとも呼ばれるところ。そのツボ（経穴）に針を刺して刺激してあげることで、
エネルギーの流れが良くなって不調も改善するの……それが針治療。

反対にね、エネルギーの流れをわざと止めることも出来るのよ。

それが死に針と呼ばれるもの」

「そんなことをしてどうなるの？　何が目的なの？」

「日本列島のエネルギーを滞らせて、波動エネルギーを重くするため。日本列島は、ムーの波動を受け継ぐ軽い波動の土地だって言ったでしょ。そして、重い波動を好む存在（レプティリアンやナーガたちの宇宙人）は、軽い波動が嫌い。日本列島には一本の太いエネルギーの流れがあるの。その流れをズタズタにすることで、気持ちの良いエネルギーが流れなくなる。所々でエネルギーが滞るのね。

あなたの身体と同じようにテラ、日本列島にもツボ（経穴）のようなところがあるの。そこに鳥居を建てた……そして、そこの波動を調整してエネルギーの流れを断ち切ったの。ムーの軽い波動を受け継ぐ日本列島の波動を重くするのが目的でね」


「……っていうことは、神社は今まで考えていたようなところじゃないってこと？　みんな、神社は日本や自分達を守ってくれる所だと思ってるよ……」


「そうね、まったく反対ね。実は、日本列島の波動を重くして、日本に住む人々を支配するために作られたものだということ」

「神社すべてがそうなの？　良い神社とかは無いの？」

「良い神社？　波動を軽くするような？」

「う～ん、願いを叶えてくれる神社？」

「願いを叶えてくれる……神さまがいるところ？　そんなのないわ。そもそも神社には、あなた達の幸福を願うような神さまはいないんだから……神社にいたのは（今はいないし）あなた達を支配したい存在だけなんだから、いくら神社に行って拝んでも願いなんて叶えてくれないの。だいたいね、自分の願いを他の人に叶えてもらおうとすること自体が問題ね。自分で自分の現実を創ってるんだから、神さまなんかにお願いしなくても自分で何でもできるでしょうが。

まぁ、この話をすると歴史のことから逸れちゃうからやめとくわ。だから、願いを叶えてくれる神社なんてないのよ」

「でも、神社の中には人間を祀った神社もあるでしょ？　神さまじゃなくて、人間を祀ってるところ。あれは宇宙人じゃないから、良い神社じゃないの？」

「もっと危ないわね」

「え？　危ないって？」

「人間を祀ってるところ……ってどんなところか知ってる？」

「すごい偉い人で、人のために良いことをたくさんして、神さまのような素晴らしい人だから、神のように祀られてるんでしょ？　学問の神さまとして祀られてるすごい人もいるよね……」

「まったく認識が違うわね。人間を祀っているところは、その人がすごい功績を上げたから、その功績をたたえて造られたものじゃないの。

まるで反対……人間を祀っている神社は結界なの」


「結界って何よ？」

「言うなれば、その人の念を閉じ込めているところってこと」

「またぁ〜、訳のわからない事をぉ〜……念って何よ？」

「たとえばね、歴史でちょっと先に行っちゃうけど、平安時代や奈良時代のあたりにはね、
陰陽師ていう職業の人がいたの」

「陰陽師……聞いたことある」
「その人達は、エネルギーを扱う仕事をしてたのよ。
弥生時代から所有の概念が入って来て、土地の取り合いになったでしょ。
そして、強い者が弱い者を統合していった。
いくつかの大きな豪族、貴族が出来て、その人達が権力争いに明け暮れていたの。
その頃は、普通の人々も目に見えない存在がいることをよく知っていたわ。
そしてね、今のあなた達よりそういう存在が身近だったの。
豪族達は、人間だけでなく、ずっと前からその土地にいる目に見えない存在
（異次元にいる存在、精霊や妖怪、眷属、お化けの類）まで排除しようとしたのよ。

排除されようとした異次元の存在はどうする？　排除しようとする人に戦いを挑むわね。そのために雇ったのが陰陽師。彼らはエネルギーを意図的に使うのが上手でね、戦いを挑んできた異次元の存在を打ち破っていったの。

そしてね、それに気を良くした豪族達は、エネルギーでの攻撃を人間にも使い始めたの。イヤな相手をエネルギーで攻撃することを覚えてしまったの。

わかる？　エネルギーアタックって呼ばれることもあるけど、人の思考のエネルギーで誰かを傷つけることもできるってこと。丑の刻参りって聞いたことある？」

「丑の刻参り？　あ〜、夜中に頭にろうそく立てて藁人形を釘で打つってやつでしょ？殺したい人の髪の毛を縫い込んだ藁人形を作って、いく晩か繰り返したらその人は死ぬっていう伝説……現実には出来ないけどね……」

「あるのよ……本当に出来るの」

「マジで？　そんなことで人が死ぬの？」

「それが、波動エネルギーなの。

思考のエネルギーは、使い方によっては人を傷つけたりすることもできるの」

「こわっ！」

「そう、本当に使い方を間違えると怖いことになるわ。

そしてね、その念（思考）のエネルギーを相手に向けて飛ばすとね、その人が病気になったりして力を失うことになる。

そうしたらその人（政敵）の土地を奪ったり、役職から引きずり降ろして自分がその役職に就くことが出来る。

だから、平安時代や奈良時代にはこの陰陽師がたくさんいたのよ。

そしてね、力の強い陰陽師を雇った人がどんどん有利になっていったってこと」


「怖い世界だねぇ～、そんな権力争いしてたんだ……

目に見えない世界での戦いって、こわっ！」

「でね、そんなこんなで戦いに敗れる人も出てくるわね。

あなたが言ってるその学問の神さまとして祀られてる人も負けたの。

政争に負けて、都から遠く九州まで流された。その人はどう思う？」


「負けて、そんな遠くまで流されたら悔しいだろうね」

「そう、悔しくて悔しくて、いつもそのことを考えていたわ……

そのことを強い感情（悔しさ）で考えると、思考のエネルギーは飛ぶの。

都へ、その人を追い落とした人の所へ……それが念と言われる思考のエネルギーなの」

「そんなもの飛んで来たら、大変でしょ……」

「だから、都では火事が起きたり、その人を追い落とした人が死んだり、
不可解なことがたくさん起きたのね。それは、その人が死んでしまった後も続いたの。

そこで、都の人達（豪族、貴族）は、力の強い陰陽師に頼んで、その人の念（思考エネルギー）を封じ込めてもらったの。それが、いまあなた達が……合格させてください……ってお願いしに行ってる神社の本当の話」


「それって、怒ってる人を祀ってるってことだよね。でも、もういくらなんでもそこにはいないでしょ？　昔の話だから、そんな念はもうどこかになくなっちゃってるよね」

「その人はまだそこに封じ込められてるの、結界に時間は関係ないから、だから、まだその結界の中で怒ってるわね。

ただ封じ込められているから何も出来ないだけ」

「もしかして、その結界？　っていうの？　それが解けちゃったらどうなるの？」

「どうなるかしらね……その時のその人の思考によるから何とも言えないけど……まあ、少々は暴れるかな？」

「暴れるかな？……なんて簡単に言わないでよ……」


「あなた達はそんなに怒ってる人に向かって、私を幸せにしてください。願いを叶えてくださいってお願いしてるのよ。

そんな人が、幸せにしてくれたり、合格させてくれたりすると思う？　どう？

ナンセンスなことしてると思わない？」
「……こわっ！……知らないって、こわっ！……」
「だから、人間を祀ってるからと言って、良い神社？　願いをかなえてくれる神社って
ことはないのよ。神社はどこも同じ。神社は清らかなところでも、素晴らしいところでも、
願いをかなえてくれるところでもないの。神社は、あなた達を宗教的に支配するために
造られたものだということをわかってちょうだいね」
「神社のイメージが崩れ去ったよ……もう行くのやめるわ……」

「ということで、弥生からのナーガによる支配システムが出来上がったってこと」
「神という存在を作り上げ、宗教概念を持たせ、
特別な役目を担った特別な人間を作り上げ、
その人間をトップとしたピラミッド社会を創った……ってこと？」
「そう、今でもその構図は変わってないわね」

「そうだね、どんな時代でも天皇を中心に日本は動いている」
「弥生でピラミッドシステムを創り上げたんだけど、
まだそれは日本列島の中央（今でいう近畿地方）だけでしかなかった。
だから、次の大和朝廷は奈良あたりにできた」

「まだ全国を統一出来たわけじゃないんだ……」

「そう、まだ統一の基礎が出来たっていうだけね……この頃は……」

「全国的にピラミッドシステムが出来て、
天皇が中心の政府が出来たのは、どのくらいの時代になるの？」

「大和朝廷（古墳時代）の頃は、まだその朝廷に歯向かう勢力が全国にあったの。

その勢力をどんどん北と南に追いやっていった。

北に追いやられたのが蝦夷（えみし）といわれる人々で、
南に追いやられていったのが熊襲（くまそ）といわれる人々ね」

「蝦夷と熊襲は、縄文の人たちなの？」
「縄文の子たちは戦わなかったわ。彼らはね、その頃には北海道と沖縄にいたの。
それがアイヌ民族と琉球民族なの。だから、本州の戦いには関係ないのよ。
蝦夷と熊襲は、同じナーガ系の弥生人達で、ただ考え方や土地の取り合いにおいて
弱かったってこと。だから、どんどん中央から追いやられて行ってしまったの。
結構粘ったんだけど、結局中央政権に屈してしまったの。それが、平安時代の頃ね……
だから、さっきの質問だけど、全国的に天皇中心のピラミッドシステムが
出来上がったのは平安時代と言ってもいいかしらね」

「そこから、日本の統一された歴史が始まったってことで理解していいの？」

第十章　飛鳥から戦国時代まで続いた権力争い

「その前にね、もう少しややこしい話があるのよ」

「そのややこしい話って？」

「ナーガはもともと大陸を支配してたって話は覚えてる？」

「レプティリアンの部下、手下として、
今のインドや中国、朝鮮半島辺りを任されてたって話？」

「そうそう、そしてね、日本列島に来たナーガは、そのまたある意味手下なの」

「ナーガの手下？」

「レプティリアンが社長としたら、ナーガは専務で、
その専務の部下の何人かを日本列島に派遣したって言えばわかるかしら？」

「あ～、そういうことね、わかった」

「その派遣されたナーガにとっては、大陸が自分の本拠地よね……

だから、何かあるとすぐに大陸にお伺いをたてるの……

日本列島は独立した国ではなく、大陸の属国的な立場だったってこと。

それが、弥生からつながって古墳時代、そして飛鳥時代……

だから、その頃は日本から大陸に貢物をしていた。

それを持っていったのが遣隋使や遣唐使なの。日本と大陸の関係性がわかったかしら？」

「日本は、大陸の属国だったんだ……なんかいつもそんな立場になるんだよね、日本は。

今もそうだもんな、表向きは独立国家の形を持ってるけど、
実態はアメリカの属国みたいなもんだし……貢物ばかりさせられてるよ、ホント」

「だからね、大陸の文化がたくさん入って来たのよ……

もともとの文化を持ち込んだってことよね。その中に、仏教があったの」

「仏教かぁ～、……ってことは、日本には宗教が二つになったってこと？」
「そう、それがややこしい話になるの。神社は宗教と言ってもそんなにしっかりしたもの
じゃなかったのよね。一神教みたいな神がいるわけでもないし、確固とした教義もない。
とりあえず、日本列島を統一して支配するために作っただけのものだから、
仏教が入ってくると影が薄くなってしまったの。
仏教はもともとナーガが作り出した宗教だから、日本に派遣されてるナーガも
それを拒否する理由はないし、そっちの方が支配するのに使いやすかった。
だから、仏教を広めることにしたの。

でも、天皇という立場は必要だから、神社は残しておかなければならなかった。

それが後の神道になった。神道というのは明治維新から出来たものだけどね。

神道は宗教とはちょっと違って、とにかく天皇中心の国を創るために出来たものだから、
誰か一人の神さまを拝み奉るものではないの。

だから、日本には神社とお寺が混在することになったってわけ。ややこしいでしょ」


「俺、神社とお寺の区別がつかないんだけど……そういう人いっぱいいると思うよ……」

「ホント、その場限り、ただ日本列島を統一するためだけに神社を造ったものだから、
後々仏教が入って来たら、神社をどう処理していいかわからなくなったのよ、ナーガ達も。

で、結局そのまま放置したってことになるのかな……」

「その場限りかよ……まったく」

「だから、なんとなく神社はそのままにして、仏教を使うためにお寺を造り始めたの。

仏教の方がしっかりとした戒律や教義が確立していたから、、
大陸でやってたように支配するためには使いやすいと思ったのね。

でも、日本には神社が出来てたから、大陸のようにはいかなかったの。そりゃそうよね。

だから、どんどん複雑になって、メチャクチャなことになっていったの」

「メチャクチャって？」

「天皇と仏教の僧達と地方の豪族達が、権力を持ちたくて争いあったの」

「なんだよ、天皇を中心にして全国統一したんじゃないの？」

「仏教を取り入れなかったらそれも出来たんだけどね、仏教に手を出しちゃったから。さっきも言ったけど、ナーガ自身も収集がつかなくなっちゃって、どうしていいかわからなくなったのよ。そしたら、もう人間達がやりたい放題始めてね、どんどん混沌状態になったのよ……みんなが権力をめぐってただ争ってた時代……それが、飛鳥、奈良、平安、鎌倉、南北朝、室町、戦国時代と続くの」


「ちょとまって、その前に整理させてほしいんだど……結局、仏教って何？」

「そうね、まず、仏教の祖って誰か知ってる？」

「仏教の祖？……仏教を始めた人？」

「厳密にいえば、仏教を始めた人じゃなくて、仏教の教祖にされた人かしら……」

「仏教の教祖？……ブッダ？」

「そうね、ブッダって言われている子は、インドあたりに生まれたの」

「何だっけ？　ゴータマシッタルダとかいわれてた人が覚醒？　悟りを開いてブッダになった？」

「そうね、いろんな名前をつけられてるみたいだけど、ゴータマシッタルダっていう王族の息子が、釈迦とかブッダとか呼ばれているの」

「で、その人がどうしたの？」

「ブッダって呼ぶわね。彼はね、チャネラーだったの」

「また、訳のわからないことを……ブッダがチャネラー？　」

「そう、彼はね、真実が知りたかったの。なんかこの世はおかしい、王族に生まれて社会的地位は高かったけど、何かおかしいってずっとどこかで思ってたのね。だから、いつも聞いてた」

「誰に？」

「私たちに？」

「私たちって……宇宙人に？」

「そう」

「ふぅ～～……また始まったよ、で、宇宙人と話をしていたわけだ……」


「でね、彼は静かなところが好きだったのよ、静かなところ、森などで私たちと話をする時間が多かったの。それが修行と呼ばれるものになっていったのね」

「ごめん、さくやさん、仏教と修行ってどう関係があるの？」

「仏教って修行することで解脱するっていう考え方なのよ。ざっくり言うとね」

「まぁ、厳しい修行をするイメージがあるね」

「そこから、瞑想とか断食とか悟りを開くという宗教になっていったの。

でもね、ブッダはそんなことしてないの。

彼はただ目をつぶった方が静かに私たちと話が出来るから、
じっと目をつぶって座ってただけなのよ。

そしてね、話した内容を他の人にも伝えてた。

その話がその頃の人達にはとても衝撃的な内容だったの。

そうよね、世間の常識からかけ離れた話だったんだから。

だから、彼のまわりには話を聞きたいと思う人が集まって来たの。

そして、彼のようになりたいと思う人たちも出てきた。」

「まぁ、そうだろうね……自分もブッダさんのような能力を欲しいと
思う人達も出てくるだろうね」

「そしてね、彼のマネをするようになったの」

「じっと目をつぶって座ってるってこと？」

「そう、でもね、何も起きない」

「そりゃそうだ」

「ブッダはじっと座ってるだけのように見えるけど、
私たちと話しをしていたから集中してたのね、
集中しすぎて誰かが話しかけても気がつかないくらいにね。

でも、側にいる人にはそんなことはわからないわ。同じように座ってても、

そんなに集中することが出来ないから、困ったの。どうしたらブッダのように集中して、何かの知識を得ることが出来るようになるんだろうって一生懸命考えた。

そしてね、見つけたの、集中の仕方を……」

「どんなの？どんな方法？」

「身体に苦痛を与えればいい……って」

「え？　何それ？　俺イヤだわ、その方法」

「痛い時ってどう？」

「痛い時は……痛いよ」


「痛みに集中するでしょ……他の事を考えられないでしょ……それが集中することだと思ったの。苦痛を耐えることで意識をそこに留めておくことが出来るって思ってどんどん自分の身体を傷めつけるようになっていったのよ」

「うわ、イヤだわ〜、俺そんな集中なんてまっぴらだよ。でも、痛いの我慢していても、それだけで何も新しい知識？　なんて入ってこないよね？」

「そこが面白いところなのよ」

「何が？　痛いのが面白いの？」

「そう、苦痛を感じるとね、脳から快楽ホルモンが出るようになるの」

「なんじゃそれ？　痛みが酷くなると快楽を感じるって？？」

「そうなのよ、苦痛が限界近くなるとね、脳から快楽ホルモンが出て苦痛が和らぐの。そしてね、もう一つ……」

「何？何？」

「快楽ホルモンってね、麻薬的なものだから、変性意識になるのよ……薬で朦朧とした状態になるみたいな感じね」

「ラリる……ってやつ？」

「そういう言い方の方がわかりやすいなら、どうぞ（笑）」


「ラリったらどうなるの？」

「変性意識になって、いろんなところとつながりやすくなるの」

「いろんなところって？」

「異次元だったり、異次元だったり、異次元だったり……」

「異次元ばっかりかよ……」

「あとは、ときどきナーガの宇宙人。異次元の存在かナーガね。そういう状態でつながれるのは重い領域ね、高次元の存在とはつながれないわ」

「でも、情報は入ってくる？」

「そう、だから、どんどん修行が厳しくなっていくの。だから、修行で死んじゃう人もたくさんいたわ」

「どんどん厳しくなっていくって……どうして?」

「快楽ホルモンは慣れちゃうの。最初はちょっとでも変性意識になれるんだけど、慣れてくるともっと刺激がないと出なくなったり、変性意識に入れなくなってくる。だから、もっともっとって強い刺激を必要とすることになって、
間違うと本当に死んじゃうことになるのよ。

これ余談だけど、あなた達が大好きなジェットコースターも同じようなものなのよ。ジェットコースターや他の刺激的な遊びで生命の危機感を感じると、
快楽ホルモンがちょっと出るの。だから、気持ちいい〜〜ってなるのよ。

そして、また乗りたくなって、もっと刺激的なことがしたくなるってわけ。

それと同じことを修行という名前でやってるの」

「ジェットコースターさえ嫌いな俺には、修行なんて絶対無理だね、しようとも思わない」

「したくなければ、しなくていいわよ……っていうか、反対にしない方をお勧めするわ」

「よかったぁ〜」

「話を戻すわね……こうして、ブッダのまわりにはいろんな人が集まるようになってきて、
ブッダの話を聞く人が増えてきて、そして、いつものお約束通り教祖のように
祀りあげられていったってこと。そして、ブッダが亡くなった後、
ブッダのようになりたいと思って修行をしていた人達が、

ブッダの話と、変性意識でつながった異次元の存在とナーガの宇宙人から聞いた話をごちゃ混ぜにして経典にして、仏教という宗教を作ったの」

「でさ、その出来上がった仏教って、結局何を言ってるの？

ちょっと聞いてもゴチャゴチャしててよくわからないんだよね～……

いろんな宗派があるみたいで複雑で……」

「そうね、すごくシンプルに言っちゃえば……助かりたかったら仏教の教えを信じなさい……ってことかしら？」

「なんじゃそりゃ……どういう教えなの？」

「今を我慢すれば、良いところに行けますよ……ってことよ」

「再び、何じゃそりゃ……なんですけどぉ～～」

「仏教は、苦しみの輪廻からの解脱を説いてるの」

「う～ん、わからん」

「この世は苦しい所なんです……そして、今回死んでも、
また何度も、何度も、生まれ変わってこなければいけないんです。

でも、仏教の教えを守っていけば、その苦しみの輪廻から出ることが出来るんです、
解脱することが出来るんです……だから、頑張ってね……って言ってるの」

「輪廻転生って仏教の教えだったんだ、初めて聞いたわ……

そういえば、この前ブータンに行ったんだけどね、その時、そんな話を聞いたよ。もうね、びっくりしたね。だって、来世?次の人生のために今を生きるんだって、ガイドさんも言い切ってたから。だからね、虫も殺さないんだって思ってたんだよ。俺、虫の命を大切にしてるから殺さないんだって。

だから、ブータンの人は優しいんだなって思ってたのに、虫の命が大切なんじゃなくて、自分が次に人間に生まれ変わるために虫を殺さないんだって聞いて、ドン引いたよ」

「そうね、仏教の教えに背いたら、次は虫や馬など下等な生き物になってひどい人生を送る羽目になる。だから、輪廻から解脱できないなら、何が何でも人間に生まれたいって思うように刷り込んでるのよ。

そして、解脱するには僧になって厳しい修行をしなければいけないってね。厳しい修行を耐え抜いたものだけが解脱して、良き所に行けるってね。

それが出来ない人は、とにかく今を我慢して、次の人生人間に生まれるように頑張って生きなさい……っていうのが仏教の根本的な教え。とにかく、宗教っていうのは、そうやって怖がらせて、今を我慢させることが目的で作られてるの。

レプティリアンやナーガたちが人間を支配して搾取するために、今のツライ状況を積極的に我慢するように教え込めば楽に支配して搾取出来るでしょ」

「はぁ〜〜、で、そういう考え方が日本にも入って来たわけだ。いつ頃から?」

「弥生の頃からちょこちょことは入って来てたんだけどね、本格的に仏教で日本を支配しようとしたのは、飛鳥時代あたりかしらね。日本は大陸の属国だって言ったでしょ」

「そうね」

「だから、ちょこちょこと貢物をしに大陸に渡ってたのよ。そして、向こうからも下賜品として、天皇に仏像や経典や仏具などを持って帰って来てたの。だから、神の代弁者？　神のような立場の天皇が、自ら仏教を国に広げようとしたのよ。この頃は仏教の方が神社よりも上の立場だったのね。だから、神社の中にお寺を建てるなんてこともしたの」

「ほう〜〜、そういうことね、そうじゃなきゃ、神社の中に下の立場のお寺を建てるなんて暴挙は出来ないよね」

「でも、まだこの頃は仏教は宗教としてちゃんと確立されていなかった。そして時代が流れて、そろそろちゃんとしなきゃって思って、大陸から鑑真という人物を日本に連れて来たの」


「ちゃんと確立する……ってどういうこと？」

「そうね……ちゃんとした家元をを作るって感じかしら？　それまでは、仏教と言っても、お寺があるとか、仏像があるとか、そんな感じで宗教としてしっかりとした組織になってなかったの。華を活けるという習慣はあったけど、華道というものはなかったって言えば理解出来るかしら？」

「あぁ～、そういうことね」

「だから、ちゃんとした戒律とかを作らなきゃいけないって思ったのね。そのために宗教としての形や威厳を持たせるために、威厳のあるお家元を擁立するために鑑真を連れて来てきっちりとした宗教組織を作り上げた。それが、律宗という宗派ね。まぁ、これが今の日本にたくさんある仏教の元となった宗派って言えばいいかしらね」

「ということは、そこから派生して他の仏教の宗派が出来てきたってこと？」

「そうね、律宗という宗派はとても厳しかったの。戒律も厳しくて、内容も庶民にはあまり受け入れにくいものだった。そして、鑑真が仏教を確立してから少し経って、また遣唐使を大陸に送ったの。その中に、空海と最澄という日本の僧がいたのね。その子達が持ち帰ったのが、真言密教という仏教で、空海は真言宗、最澄は天台宗という宗派を起こしたの。この宗派は鑑真の律宗よりも少し戒律が緩かった。だから、この宗派の方が広がっていった。でもね、日本列島に住む子たちはワンネスの考え方をどこかに持っていたのね。だから、あまり宗教に興味がなかった。神社とかはあるけど、でもそれも特別な神がいて、とても高貴なものでひれ伏さなきゃいけないというよりも、なんかあるけど別にいいっか……くらいの感じでしかとらえていなかったの。あなた達もそうでしょ？」

「そうだね、神社ってあるけど、そんなに特別とも思わないし、宗教として真面目に何かしようとか思わない人が多いし、クリスマスにはカトリックで、新年は神社、葬式はお寺って使い分けてるしね（笑）」


「その頃の子たちも同じような感じで、大陸の人達のように夢中になって修行して……なんてことはなかったの。厳しくない方がいいな……ってことで、どんどん緩い宗派に人が流れていくようになって、鎌倉時代に鎌倉新仏教と呼ばれる宗派が出来てきたの」

「鎌倉新仏教？」

「法然（浄土宗）　親鸞（浄土真宗）　日蓮（日蓮宗）らが新派を次々と作っていったの。難しいお経など覚えられない人のために、南無阿弥陀仏や南無妙法蓮華経っていう言葉だけを唱えていれば、極楽浄土に行けますよ……っていう風にどんどん変わっていったの」

「そりゃ、小難しいより簡単な方がいいもんね」

「そのお経も、そんなに真剣に唱えていたわけじゃなくて、まぁ、しないより良いかくらいのものだったわ。

何かあった時に、くわばら、くわばら、ってあなた達も口にすることがあるでしょ」
「言うねぇ〜、くわばら、って何?って思いながら、みんなが言うからマネして言ってた」
「そんな感じよ……何かわからないけど、言っておけばいいらしいよ……って
いうくらいの感じの宗教になっていったってことね」
「今と変わらないってことか」
「その頃からお寺は宗教のためというより、庶民には困った時の駆け込み場所、
寄り合い所的な要素が大きいって感じかしら。宗教を大切にしていたのは、
宗教で庶民を支配したいと思っていた貴族的な人達だけってことなのよ。
仏教がどんなものかわかった?」
「わかった、ありがとう」

「で、話を元に戻すわよ。こうして、神社とお寺が訳がわからない状態になってしまって、
ナーガも何を使って日本列島を支配したらいいかわからなくなってたら、
人間達が好き放題権力争いをはじめて手が付けられなくなっていったの。
それが、飛鳥、奈良、平安、鎌倉、南北朝、室町、戦国時代と続くの
「その頃の歴史は学校で習ったけど、いろんな人の名前と事件、戦争の名前と年号を
覚えさせられるだけで一体何がどうなってるのか内容はさっぱりわからなかったんだよね。

ただ受験のためだけに暗記しただけ。みんなが歴史が嫌いになる大きな要因だね」

「あまりに複雑すぎて、きっと教えてる方も実はよくわかってないのが現状ね」

「だろうね……で、邪馬台国の後に出来たのが飛鳥（古墳時代）でいいの？

飛鳥の頃は、天皇中心の政治だったたって聞いたけど……

その頃に有名な聖徳太子っていう人物がいたとか……その聖徳太子ってどんな人だったたの？」

「聖徳太子ねぇ、そんな人物は実在してないのよね」

「ホントに？　え？　じゃあ、俺らが教えてもらった聖徳太子って何者？」

「モデルになった人はいたけど、結局は権威づけに作られた人物ね」

「権威づけ？」

「そう、天皇中心の政治が素晴らしいものだったたっていうことを後の世に知らしめるためにね。この頃の天皇はもう人間ではなく、神の化身？　的な扱いになってたの。

この頃に古事記や日本書紀など天皇が神社にいる神の子孫のような書物を書き始めたの。

天皇の神格化ね。庶民に天皇は神であると印象づけるために。

だから、神である天皇が直接政治をするのではなく、その補佐役が政治をしてたの。

ここがまたややこしいところで、天皇は神として崇め、

そして仏教の教えで人々を支配したい。そこで、天皇と仏教を融合しようとしたの。

天皇の意志で、素晴らしい補佐が仏教的な教えを広める……ってことね。
そのために作られたのが十七条の憲法や冠位十二階という法律的なもの。
これは、大陸から伝わった儒教の影響もあるわ。
そして、その憲法を作った人にも権威が必要でしょ？
そのために聖徳太子という人物を作り、神がかり的な物語を作り上げたの。
たとえば、幼少時代からとても利発で、十人の話を一度に聞くことが出来たとか……
素晴らしい人ですよ……と思わせたの。
生まれ方も特別な人で、お母さんの口から胎内に観音菩薩が入り生まれたとか、
一生懸命特別な人だということを印象づけたのよ。
そうして、神である天皇と、神がかり的な特別な人間である聖徳太子によって、
日本列島の政治は確立していった……と言いたいの」
「何でもかんでも権威づけていくんだね」
「そう、何でもかんでも特別な人を作り、
その人に従えば大丈夫と思わせるのがナーガ達の手なの」
「そっかぁ、聖徳太子はいなかったたっていう説が最近出てきてるけど、
やっぱり嘘はいつかわかっちゃうってことなのか……
でも、まだ政権は安定しなかったんだよね」
「そうね、しばらくは天皇を神とした体制は続いたんだけど、

さっきも言ったけど天皇は直接政治には関わらなったのね。神だから。

でもね、不思議なことに神である天皇にも子供や兄弟や親せきがいるのよ……

これが、一神教になれない要因なのよ……

古事記や日本書紀にも神がたくさん出てきたでしょ？

どうしてもナーガ達の考え方が出てしまうのね」

「それで、その後はどうなっていくの？」

「天皇は神としてトップにはいるんだけど、政治には関わらない。直接政治を行うのは、天皇のまわりにいる人たち……となると、どうなっていくと思う？」

「その人達の権力争い？」

「そうね、天皇はただのお飾りになってしまって、その子供や兄弟や親戚達が権力をめぐって争いを繰り広げるの。そして、その権力を持った人が、今度はお飾り（天皇）を替えるということまで始めたわ」


「どういうこと？」

「その時の一番の権力者にとって都合のいい天皇に挿げ替えたってことよ。だから、前にも言ったけど、天皇は万世一系じゃない……血は繋がっていないの。だから、お飾り（天皇）を担いだ人が、時の権力者として君臨したってこと」

「そういうことなんだ。俺たちが学校で習った歴史は、その権力者達の争いの歴史だってことなんだね。覚えさせられた大化の改新も、奈良時代の平城京、大宝律令もみんな役者が変わっただけで同じ事ばかりを繰り返してただけなんだ。それって日本の庶民を支配するために大陸がやってた制度を真似してただけってこと？」

「そうね、大陸のやり方を日本列島でやってただけのこと。何のポリシーもない。どんな国を創りたいかなんて思いもない。ただ、誰が権力を持つか……それだけが貴族達の考えることだったの。庶民の生活なんて眼中にないのよ」


「そこのところは、今の日本と大差ないね……平安時代は貴族、鎌倉は武士が同じように天皇という神輿を担いで自分達の富と権力だけのために争ってただけのことってか……おかげで流れはわかったんだけど、でも、その後の南北朝時代だけは理解できないんだよね……だって、天皇が二つに分かれたってことになるんでしょ？」

「そうね、お飾りが二つ出来たってことよ。こちらのお飾りを天皇だって主張するグループと、そうじゃなくてこちらのお飾りの方が正統だって主張するグループが出来た。それだけの話。そして、どちらにも軍配が上がらず、訳がわからなくなってしまったの。そこで交互に入れ替えようという提案が出てきて、二つのグループはその提案を飲んだの。本当の万世一系だったらこんなことにはならないわよね。つまらない話よ」

「でも、結局は北朝が統一したんだよね？　だから、今は一本ってこと？」

「そうじゃないのよ……自分達とまったく違う勢力が出てきて、二つに分かれてる時じゃない、力を合わせないと他の勢力に押されてしまうということになってきて一応北朝という名前で統一することにしたの、でもね、表向きは統一されたようになってるけど、実は小さく抵抗したグループがいて、南朝の流れを持つ天皇のグループもあるのよ」

「今も？」

「表には出ないけどね……」

「そう、天皇の流れについては、俺はどうでもいいんだけど……で、元の話に戻るけど……室町時代は武士が権力を持ってた時代だったけど、天皇はどうなったの？」

「武士ってね、結局は貴族のボディーガード的な役割から始まったの。それは知ってるでしょ？」

「それは、学校で聞いたよ……」

「その武士がどんどん武力的に力を持ってきて、最後には貴族達を押しのけて政治にかかわるようになった。この大将が平清盛だったり源頼朝、足利尊氏なの」

「そ、そ、平清盛とか源義経とかって大河ドラマとかでよくやってるよね。それぞれのドラマが違うことを言ってるし、教科書でも詳しく書いてないんだけど、この人達って何がしたかったの？」

「ま、結局はお約束の権力争いなんだけどね。貴族のボディーガードをしていた武士が、貴族のあまりの堕落ぶりを見て」

「貴族の堕落ぶり」

「そう、政治なんてそっちのけで遊ぶことばかり考えてたのよ。ま、そのおかげで雅（みやび）な文化は花開いたけど……そんな貴族を見て、武士達は自分達の方が強いぞって思うようになったの」

「そりゃ、腕力は武士の方が強いよね」

「そう、今まで力の強い人が権力を手にしてきたんだから、どうして力のない人達に力の強い自分達が従わなきゃいけないいんだ、って思い始めた。だから、貴族を押しのけ、武士がどんどん政治的な力をつけて政権を握り始めたの。その中で一番力を持った武士が平清盛」

「この人はどんな人だったの？　何がしたかったの？」

「この人はね、自分も貴族になりたかったの」

「へ？　貴族がダメだから、自分が政治をしたいと思ったんじゃないの？」

「この人は、政治がしたい、国を自分で動かしたい……と思うよりも、地位や権力の方に魅力を感じたの。そう、貴族のような雅な生活をしたくなったのね」

「なんじゃ、そりゃ……本末転倒っていうやつですか？」

「だから、どんどん貴族のように振る舞うようになっていったのね。

天皇からも朝廷の称号、太政大臣という役職を与えられて満足してたわ」

「それで、他の武士達は納得したの？　貴族を倒して武士の世の中にしようと思ってたのに、武士だったはずのリーダー的な存在が貴族になっちゃったんだから……」

「そうね、そこにまたややこしいことに天皇も参加したのよ」

「え？　天皇まで？」

「朝廷の中で権力を持ちすぎた平清盛に対して、天皇が気に入らなくなったのね。

何とか清盛の力を削ぎたいと思った天皇は、
源氏に清盛を筆頭とする平氏を討って欲しいと頼むわけ……」

「どうして源氏なの？」

「武士が台頭し始めた頃に、大きな二つの勢力があって、それが平氏と源氏だったの。

そして、平氏が勝って源氏は排除されたという経緯があった。

だから、天皇はその遺恨を使って源氏に平氏を討つように頼んだのよ」

「天皇も、やり方汚いなぁ～」

「政治なんてそんなものよ。勝った方が強いの、正義なの、
そして権力を持つことが出来るんだから。腕力がなければ、策略を練るしかないでしょ」

「まぁ、そうだけど……」

「そしてね、源氏の中で源頼朝が名乗りを上げて平氏の討伐を始めたの。この人はね、ナヨナヨした貴族が大っ嫌いだったの。腕っぷしで勝負だぁ～……的なね(笑)

だから、ナヨナヨした貴族になりたいと思ってた清盛を討つことをすぐに承諾したわ」

「源氏といえば、義経さんが有名だけど、この人はどうしてお兄さんである頼朝に打たれちゃったの？　なんか悲劇のドラマが多いんだけど……」

「彼はね、お兄さんが大好きだったのよ。何とかお兄さんの役に立ちたいと思って一生懸命だったの。だから、大きな功績もあげたのよ。お兄さんのためにね。

そして、そんな一途な彼は仲間うちの人気が高かった。それが気に入らなかったの」

「お兄さんが？」

「そう、頭が良くて戦略も長けていて、戦も強い、その上人望もある弟に嫉妬したの。そして、いつか自分を超えて、源氏の頭領になろうとしているんじゃないかと疑った。だから、排除したのよ」

「かわいそうだなぁ～、やっぱり悲劇の人だったんだ。

でも、一説では死ななくて大陸に渡って、ジンギスカンになったとかいう話もあるけど？？」

「ない、それはないわ。」

「あ、そうですか……ジンギスカンが源義経だって聞いて、なんかロマンだなぁ～って思ってたんですけどね、違うのね、はい」

「そうして、今度は源頼朝が武士の頭領となった。ここで、天皇は考えたの。前の清盛のように貴族のような称号を与えたらまた同じようになるんじゃないかって……だから、朝廷の下に幕府を作れば、朝廷は朝廷、幕府は幕府として別のものになるから、自分の地位は脅かされないってね。そこで、武士の長として征夷大将軍という称号を与えて頼朝の幕府を認めたの。それが、鎌倉幕府。ここからが政治を行う幕府と、神としての日本を支配する天皇の二つの大きな権力が日本列島に出来た。後のちまで、この二つの流れ、関係が複雑に絡み合ってくるの。今もそうでしょ」

「天皇と政府……総理大臣や最高裁判所長官を最終的に任命するのは天皇だもんね。結局幕府と同じ構図な訳だ」

「鎌倉幕府は、頼朝の子ども達、頼家、実朝の三代まで続いた。でも頼家、実朝も不遇にあって誰も継ぐ者がいなくなってしまったの。そこで二人の母親で、頼朝の妻であった北条政子が実家である北条氏に実権を移した。それから北条氏の執権政治が始まった。そこでまた、北条氏の権力が高まってきたことが、天皇の気に障った。そして、また権力を自分の手に取り戻して、政治をやりたくなった天皇が鎌倉幕府をつぶそうと画策したの」

「また天皇かよ〜〜」

「で、朝廷が幕府に挙兵して、それに対抗した鎌倉幕府。その幕府側にいた足利尊氏が、寝返って朝廷側についたことで、鎌倉幕府は朝廷に倒幕された。

その裏切りで天皇の覚えめでたくなった足利尊氏は、天皇中心の政権を立てようとしたんだけど、結局自分がやりたくなった。

天皇を軽くあしらうようになったのよ」

「もう、グチャグチャだね」

「軽くあしらわれた天皇は面白くないわ」

「そうだよね」

「そこで、また尊氏を排除しようとしたりして、天皇と尊氏の間は最悪の状態になったの。

そして、ここで尊氏の動きの方が早く、尊氏の方が天皇を吉野山に飛ばしちゃったの」

「天皇がやられたんだ、びっくり」

「そして、別の人を連れて来て、天皇にしちゃったの」

「え?え?天皇をすり替えたってこと?」

「そういう言い方も出来るわね。

ここから、さっき話した南朝と北朝の二つの朝廷が出来たってわけ。

追いやられた天皇が南朝で、新しく連れてこられた天皇が北朝」

「天皇って……その程度……なの?」

「だから、万世一系ってことはないの」

「うわ～……言っちゃった……」

「だってそうなんだもの。天皇はイスなの。

天皇という名前のイスに誰を座らせるかは、その時の権力者が決めるの」

「ほう～～」

「だから、そうやって新しい天皇を擁立して、その天皇に自分を征夷大将軍に任命させて、
室町幕府を開いたってわけ」

「自作自演ね」

「ここから、足利尊氏の子供や孫、子孫達が幕府を引き継いでいくことになるの」

「ちょっと待って、ずっと不思議なんだけど、どうしてどこでも世襲制になるの？

誰かが権力を手にすると、その権力者はみんな自分の子供に継がせるよね……

今もそうだけど……」

「それはね、レプティリアンやナーガ達は、血筋を大切にするのよ。

自分のＤＮＡに固執するの。それも所有の概念なの」

「どういうこと？」

「たとえばね、一生懸命頑張って作った財産（所有地など）は、
いつまでも自分の物であって欲しいの。そうでしょ？　誰かの手には渡したくない」

「そうだね、一度手にした物は手放したくないよね」

「でも、命は永遠じゃない。特に人間の命は短いわ。いつかは必ず死ぬ」

「死ぬね……」

「そしたら、せっかく手にした財産は誰かの手に渡るよね……
それはイヤだ、でも死んだら誰かの手に渡る……誰かの手に渡るくらいなら、
まったく他人よりも、自分の子供ならまだ我慢できる……ってことよ」
「そういうことね……子供に継がせるなら我慢できるってことね……」

「この考え方から、結婚制度というものが出来たの」

「結婚制度って、いつ頃から始まったの？」

「今のあなた達の制度とは違うけどね、
結婚という考え方は、平安時代あたりから始まってるの。

所有の概念のなかった縄文の頃には、まったくない考え方ね」


「所有と結婚制度って、まったく関係ないように思うんだけど……」

「男の人は、自分で子供を産めないでしょ……」

「そりゃそうだよ……」

「なら、どうやったら自分の子供だということがわかる？」

「自分の奥さんなら、自分の子供を産んでくれる？……」

「そうね、自分とだけＳＥＸをしてくれる女性が必要なの……自分とだけＳＥＸをする女性なら、その女性が産む子供は自分の子供だということになるでしょ……」

「なるほど……そうだよね。確信が持てるよね」

「そしてね、それを言われた女性は……わかりました、私はあなたとだけＳＥＸをして、あなたの子供を産みます。その代わり、私の生活の面倒を死ぬまで見てくださいね、という……契約、それが結婚制度の始まりなの」

「そんなドライな契約が結婚制度のもとだったんだ……なんか、夢がしぼむね」

「だから、あなた達の大きな関心事である、浮気だの不倫だのが問題になってくるのよ。浮気や不倫はもってのほか……って、そんなことをしようものならすごく怒るでしょ……」

それは、契約違反だからなの」

「契約違反？」

「そうでしょ、妻が他の男の人とＳＥＸをしてしまったら、自分の子かその人の子か、わからなくなる……だから、浮気は絶対にしてはいけない。

そして、妻は夫に他の女性が出来て、そこに子供が生まれでもしたら自分と自分の子供の立場が危うくなる。生活の面倒を見てくれなくなってしまったら死活問題よね。

だから、夫が他の女に行かないようにいつも目を見張らせるの」

「理解……そういう考え方が根強く残ってるわけだ」


「最初は愛情とかは関係なく、結婚制度っていうのはそういう契約関係だったってこと。だから、平安時代くらいからは、たくさん財産を持っている貴族などは特に女性を外に出さないようにしてたの。娘を良い条件で結婚させるためにね。高貴と呼ばれる家系では政略結婚がほとんどだったわ。結婚するまで顔を見たこともないっていうことも普通だったの。ある意味女性は家の所有物として扱われてたってことね。良い男性と結婚出来て、娘がその子供を産めば、娘の家も権力者の一員になれる。もし、天皇家などと婚姻関係が出来て、子供が出来れば天皇の親戚ということで、一家はものすごい権力を持つこともできるから、娘は家にとっては財産なのよ。


でも、この頃の貴族の娘は気の毒だったわ。外に気軽に出かけられないように、十二単のような重い着物を着せられ、髪も長く重く、一人で歩くことも出来ないようにして閉じ込めていたの。こっそり遊びに行くことも出来ないし、逃げることも出来ない……すべて人の手を借りなければ何も出来ないの。

ただただ毎日、夫が自分の所に来ることだけを待ってる……そんな生活よ。

その頃は、一夫一婦制なんて無かったから、権力のある夫は何人も妻を持っていた。

だから、いつ夫が自分の所へ来るか不安で仕方なかったの。
だって、自分の所に来なければその人の子供を産むチャンスも減るし、
チャンスが減れば親や親戚から文句も言われる……

この頃、このような女性達の話を描いて花開いたのが、女流文学……清少納言などが
書いた枕草子や紫式部の書いた源氏物語など。名前くらいは聞いたことあるでしょ？」
「あるある、源氏物語は映画になってたりするくらい、今でも有名だよ。
かっこいいタレントが源氏役で出てた……」

「話が歴史から逸れちゃったから元に戻すわね……どこまで話したっけ？」

「え～と、鎌倉から南北朝時代を経て、結局また武士の足利尊氏が権力を握って
征夷大将軍になり、室町幕府を開いた……ところまでかな」

「そうそうそうだったわね。ここでもお決まり通り世襲制が行われたんだけど……

世襲制の弊害が出てきたのよね」

「世襲制の弊害？」

「そう、人には得手不得手というものがある。特に大きな権力を持つ征夷大将軍などは、
それなりの器が必要よね。器のある子ばかりが生まれてくるわけじゃない。そうでしょ？

その器のない子が権力や財産を受け継ぐとどうなるかしら？」

「傾いていく？」

「室町幕府も世襲制の弊害によって内情はボロボロになっていったの。

武士であったはずの足利家が権力と財に溺れ、派手で雅ばかりを追求するようになったの。金閣寺や銀閣寺などを建て、貴族のような生活をするようになってしまった。

武士の長であることを忘れてしまったの。幕府は力（武力）で創った社会よね。

その長が武士であることを放棄したようなものよ。まわりはどうするかしら？」

「……他の武士たちは……面白くない……」

「そう、武士としての力を失ってしまった足利氏は、地方の武士たちの求心力をも一緒に失った。だから、他の武士達は自分達も足利氏がしたように武力で日本を制圧し、幕府を開くことが出来るんじゃないかと考え始めた。

そして、次から次へと幕府にたてつく大名が出てきて、お互い争い始めたの。

それが戦国時代の始まりね。戦国時代の日本はもう無政府状態で、酷いものだったわ。

まさに弱肉強食。誰も信用できない。今日は友として話をしていても、明日は敵として戦うという、自分の権力欲のためなら何でもする世の中。

庶民も巻き込まれ、日本は混沌の渦中にあった。

そんな時代に一人の男の子が生まれてきたの。それが織田信長君。

この子が戦乱の世の中を静め、江戸時代という平和な日本を創りあげたの」

第十一章　織田信長の本当の思い

「信長君はね、とても優しい子だったの。その優しさゆえに、鬼になることを決意した」

「優しさゆえに、鬼になる？」

「そう、あの子はね、物心つく頃から見るもの聞くものすべてにおいて何もかもが不思議で仕方なかったの。いつもいつも、何かおかしいって思ってたの。どうして？　どうして？　どうして？……ってね。

その前に、サンカって聞いたことある？」

「サンカ？　いや聞いたことないね。そのサンカと信長さんとどういう関係があるの？」

「日本列島が弥生の人達の文化に飲み込まれていく時、その流れに組み込まれないことを決意し、世の中から隠れるようにして生きてきた人々がいるのね。

その彼らをサンカと呼ぶの。体制には組み込まれず、表にも出てこず、常に隠れて生きると決めた縄文人たち。信長君は、そのサンカなの」

「でも、信長さんは織田家という武士の家に生まれた子だよ。思いっきり表舞台にいるじゃない」

「サンカはね、血筋じゃないのよ。もちろん子孫たちだから血筋もあるんだけど、それよりもなんて説明すればいいかしら？

エネルギーのところでつながってる人々なのよ」

「エネルギーでつながるって？　どういうこと？」

「ムーや縄文の頃の波動を受け継いだ人……って言えばわかるかしら？

サンカは、その波動を受け継いだ人なの。

競争じゃなくて、争いじゃなくて、所有じゃなくて、みんな平等の平和と調和を好む人々。

だから、弥生の所有の文化に組み込まれることを嫌がって、その人々だけで隠れて生きることにした。たとえば、一緒に住んでなくても、同じ感覚、同じ波動エネルギーを好む人もサンカなのよ。

信長君もその波動を好んだの。だから生まれは武家だけど、サンカなの」

「でも、信長さんは思いっきり戦ったよね。戦三昧の人生でしょ？

愛と平和と調和を好む人には思えないけどなぁ〜」

「だから、鬼になることを決意したのよ。

平和な世の中を創るために、自分は鬼になるって決意したの。

信長君について、あなた達が教えられてる一番の誤解は、ここなのよ」

「どこなの？」

「あなた達は、他の大名と同じで、信長君は自分の権力欲のために
天下を取ろうとしたと思ってるかもしれないけど、それはまったくの誤解。

信長君は、権力が欲しくて天下を取りたかったんじゃなくて、
縄文の頃のような戦争のない平和な世の中にしたかったの。

彼の理想とする世の中にしたい……彼を突き動かしたのはそれだけなのよ。

そしてね、それはひとりでは成し得ないということも知ってた。だから、絵を描いたの」

「それが、前に言ってた秀吉さんと家康さんと組むってこと？」


「そう、秀吉君も、家康君も、信長君と同じサンカだったのよ」

「あちょ～～～……秀吉さんも家康さんもサンカだって？

サンカの三人が組んで平和な世の中を創ろうとしたって？

隠れるどころか、この三人思いっきり表舞台で暴れてるじゃない」


「世の中がもう我慢できないほどになってしまってたってことなのよ。

サンカは、ただ逃げ回るだけの人々じゃないのよ。
表に出なきゃいけないと思う時は、出て来るの。
そして、この三人が表に出て来て、日本列島の波動を
縄文の頃のように軽いものにしようとしたってこと。
だから、江戸時代は二百六十年も戦争もなく、
庶民も豊かで自由な世の中が続いたでしょ？
彼らがただ自分たちの権力だけを求めていたらそんな世の中は出来ないわよね」
「そう言われればそうだけど……でも、どうしても腑に落ちないことがあるんだけど
……」
「何？」
「どんなに大義名分があるとしても、どんなにすごい理想を掲げたとしても、
武力、暴力を使って制圧したなら、それって結局他の権力欲におぼれた大名達と
変わらない気がするんだけど……人を殺しながら、平和な世の中を創りたいって言っても、
そうですかって素直に納得出来ないんだよな」
「そうね……じゃあ、そこのところ信長君はどう思ってるのか、直接聞いてみる？」
「信長さんに聞くって？　またバカなことを言ってるよ。

そんな過去の人物とどうやって話をするんだよ……

こっちは真面目に言ってるんだから茶化さないでよ」

「こっちも真面目に言ってるんだけど……」

「なに？　本当に直接信長さんと話が出来るってこと？　マジで？」

「私が中継するから、直接聞いてみる？」

「なんか、ちょっとまだ信じられないけど……

でも可能なら……ちょっとだけ……お願いします。」

「じゃあ、信長君とつなげるから話をして……」

☆　信長さんとのインタビュー　☆

「こんにちは、あつしと申します。信長さんですか？」

「初めまして、信長です」

マジで？　ホントに？　でも、普通に話してるよ……

もっと武士言葉？で話をするのかと思ってた
（あなたがわかりやすいように、今の言葉にしてるのよ）

あ～、そういうことね……お気づかい頂きありがとうございます、さくやさん！

「いや、どう聞けばいいのかわかりませんが、ひとつだけちょっと……」

「どうぞ……」

「さっきもさくやさんに言ったんだけど、どんなにすごい理想を掲げても武力、暴力という手段を使うのは正直どうかと思うんです。そこのところは、信長さんはどうお考えですか？」

「私もそう思います。どんなに素晴らしい理想を持っていたとしても、暴力はいけないない事だと重々存じています」

「ならば、どうして？」

「私には、そのような方法しか考えられなかったのです。私は、人々が意味もなく虐げられることが我慢できなかったのです」

「虐げられる……とおっしゃいますと？」

「私には友がおりました。小さい頃から一緒によく遊んだ友です。変わり者と言われみんなにバカにされていた私を理解してくれた、かけがいのない友です。

その友は、百姓の子でした。

私は武家の総領の嫡男。百姓の子とは身分が違うとずっと言われ続けていました。

そんなことは私にはまったく関係のないことだったのです。

お互い信頼し合い、本当に心を許せる友……それだけでした。

でも、私のまわりは違ったのです。

身分によっては、命さえも軽くあしらわれる……そんな世の中です。

十歳になったある日、その友が殺されてしまったのです。

急ぎ馬（大事な要件を殿に伝えるために急いで走る武士）の前を横切り、邪魔をしたという理由だけで、馬で蹴り殺してしまったのです。武士は言いました……百姓の子せがれ一人、どうってことない……と」

「……そんなことがあったんですね……」

「おかしくはないですか？　百姓だろうと、武士だろうと、命は同じです。馬に蹴り殺されてもいい命などないのです。我慢ならなかった、そんな世の中が……ありえないと思った。だから、私は決心したのです。こんな世の中を壊し、平和な、みんなの命が大切にされる世の中をつくりたいと……」

「でも、あなたも戦をした……人を傷つけ、殺してきた……」

「矛盾なのは百も承知です。でも、目の前で人が虐げられている時、どうすればいいのでしょうか？　もし、無力な人が、大勢の人に殴られているのを見たら、あなたならどうしますか？」

「う～ん、止めるかな？……」

「そうですよね、見て見ぬふりは私には出来ないのです。人を殴ることはいけない事だ、止めなさい……と言うのは簡単です。でも、それで収まらなかったらどうしますか？　力ずくでも止めに行かなければと思いませんか？　力ずくはいけません、平和が一番ですから……と、遠目で見ているだけでいいのでしょうか？　私はそう思いません。暴力に対して暴力というのは良くない手段だということはわかります。でも、まず何よりも大事なのは、その人を助けることだと私は判断します。だから、暴力を使ってでも、その人を助けることを選びます。幸い私は腕っぷしが強い、戦に長けている……理不尽な暴力から非力な人を守ることが出来ると思ったのです。私が強くなればなるほど、理不尽な暴力は振るわれなくなる。だから、私はこの国で一番強くなろうと思ったのです。私が一番強くなれば、大きな抑止力になり、今までのような理不尽な暴力がなくなるだろうと思ったのです。だから、私は鬼として、戦に参加することを選んだのです」

「どうして鬼にならなければいけなかったのですか？　そのままでも強いのだから、そんな鬼と呼ばれるほど酷いことをしなくてもよかったんじゃないですか？」

「強いだけではダメなんです。強いだけでは、無駄に挑戦されてしまうからです」

「無駄に挑戦される？」

「そうです。強いという認識だけでは、力自慢の人達が私を倒して名を上げようと挑んできます。
それでは無駄な殺生、無駄な戦をしてしまうことになります。
だから、あいつは怒らせると何をしでかすかわからない、
鬼のような奴だと思わせることが大事だったのです。
最初から相手の戦意をくじくことで、無駄な戦をしなくて済むと思ったのです」

「そういうことだったんですね。」

「私も人間ですから、鬼と呼ばれたくはないです。
でも、それが一番有効な手だと思ったのです。
暴力も使いたくなかった。戦など本当にしたくなかったのです。
でも、私にはその方法しか考えられなかったのです」

「すみません、あなたの気持ちがよくわからなくて、失礼な質問をしてしまいました」

「いえ、こうしてお話しできたことで、私もすっきりすることが出来ました。
率直に聞いていただいて感謝します。ありがとう」

「こちらこそ、ありがとうございました」

－－－－－－－－－－－－－－－－－－－－－－－－－－－－－－－

理想を掲げるって、大変なことだよ、ホント」

「ありがとう　さくやさん。納得出来たよ……信長さんも悩んだ末のことだったんだね。

「もういいかしら？」

「じゃあ、今からどうやってこの三人が江戸時代を築いたのか、順に話をしていくわね。
まずは言い出しっぺの信長君から……信長君の幼少時は、どんな子だったって教わった？」

「うつけ者……それも大うつけ」

「そうよね、信長君と言えば、〝大うつけ〟と〝鬼〟のふたつの言葉が出てくるわよね。
で、鬼の話は本人から聞いたからわかると思うけど、どうしてうつけ者って呼ばれてたかわかる？」

「なんか小さい時から奇行が多かったって……ひとりでブツブツ言っていたり、河原とかで誰もいないのに一人で、誰かと戦ってるみたいに刀を振り回してたり、大声を出してたり……とにかく訳のわからない行動が多かったって聞いたけど……」

「彼にはね、見えてたのよ……周りの人には見えないものが。そして、聞こえてたの、周りには聞こえない声が……」

「何？　それって？　超能力ってこと？」

「超能力というより、超感覚ね。信長君はサンカだって言ったでしょ。サンカは縄文の波動を受け継ぐ人々……

だから超感覚を持っていた縄文の子たちの感覚も受け継いでたってこと。

それを小さい時は、当たり前だと思ってたのね。みんなも見えるし、聞こえると思ってた。

だから普通にしてたんだけど、それは信長君だけの普通で、まわりの人たちから見れば奇行に映ったってこと」

「そういうことだったのかぁ～」

「信長君は、どちらかというと聞くほうが得意だったのね。今で言えばいわゆるチャネラー」

「信長さんが、チャネラー……

もうほとんどの事には驚かないと思ったけど、これまた、驚いた。

で、誰と話をしてたの？　いや、もしかして？　もしかする？」

「そう、私たちドラコニアンと話をしてたの。まぁ、主に私だけどね」

「だから、信長さんのことよく知ってるんだ。

なんでそんなに信長君って言って、よく知ってるのかと不思議だったんだよね」


「あの子は本当に小さな頃から繊細で優しい子だったのよ。

自分は天下を獲る、日本で一番強い武将になる……って言った時には私も驚いたわ。

余程、友達のことが悲しかったのね。それでね、私に縄文の頃の話を聞かせて欲しいって
言うの。みんなが平等で、平和な暮らしってどんなものかを知りたいって。

今の世の中ではそんな世の中は想像することも出来ないから、だから知りたいって」

「教えてあげたの？」

「教えたわ。縄文の頃の人々の生活をね。

そしたら、自分もそんな世の中を創るって言い出したの。

そこからあの子の理想の世の中を創る作戦が始まった。

とは言ってもね、その頃はまだ信長君にも具体的には何も見えてなかったの。

だから、話をすることしかできなかった」

「話をするって……そんな話を誰が聞いてくれたの？」


「信長君が十五歳くらいの頃、織田の家には人質として家康君が一緒に住んでいたの。

家康君は六歳くらいだったかしら。

信長君と家康君は仲が良くてね、しょっちゅう一緒に遊んでいたの。

遊んでた……と言うより、信長君が家康君に剣術などを教えてたんだけどね。

その頃人質には剣術なんて絶対に教えなかったのよ、だって、強くなられたら困るから。

でも、信長君は家康君が強くなるように真剣に教えてた。

九歳も年が離れてるのに、一緒にいると本当に楽しそうだったわ。そりゃそうよね、
二人とも知らないけど、同じサンカだったんだから。

目を見ただけで、この人は大丈夫ってお互い思ったのね。

家康君には超感覚はなかったけど、でも信長君のことは理解できる。

この人はうつけなんかじゃないってね。

そして、剣術のけいこが終わった後には二人で座っていろんな話をしてた。

話をしていたのは、もっぱら信長君だったけどね。

まだ幼い家康君に熱心に縄文の頃の話をしてたわ。

今のような世の中じゃなくて、みんなが平等で、平和な世の中になればいいなぁ～って。

そしたら、お前も人質として母から離されるようなこともないのになぁ～って。

俺にそんな国が創れたらなぁ〜〜って。

幼い家康君は、たぶん何を話しているのかわからなかったと思うけど、
でも一生懸命に自分に話かけてくれる信長君の顔をただじっと見ながら聞いていたわ」

「なんか、泣けてくるよ……」

「その二年後、家康君は別のところにまた人質として移されて、
少しの間別々に生きていくことになったの。

その頃にね、もう一人信長君にとって大きな力となってくれた人との出会いがあったの」

「家康さんの他に……誰だろう？」

「濃姫」

「あ、信長さんの奥さん」

「そう、二人は親の決めた政略結婚だったんだけど、馬があったのねぇ〜」

「濃姫もサンカだったの？」

「濃姫はサンカじゃないけど、でも、とても勘の良い子だったわ。

そして信長君のことを見抜いていたの」

「見抜くって？」

「うつけ者じゃないって、そして、父や周りの人達とはちょっと違うってね」

「ちょっと違うって？」

「結婚した当時は、何が違うのかはわからなかったの。ただの勘？

でも、この人は綺麗だって思ったんだって」

「綺麗？　顔が？」

「そうじゃないわよ、姿かたちじゃなくて、感覚的に綺麗だって思ったそうよ」

「濃姫に聞いたの？」

「そう、聞いたの。だから、好きになったって。一緒に生きて行こうって思ったんだって」


「へぇ〜〜……政略結婚でそんな風に思えるなんて幸せだよね〜、珍しいんじゃない？」

「そうね、そしてね、信長君のことをよく観察してたわ。

家康君と剣術の稽古をしている時、二人で話をしている時、
信長君はどんなことを考え、何を感じてるんだろうってね」

「信長さんはどうだったの？　濃姫のこと、どう思ってたの？」

「気の強そうな子だなぁ〜、ちょっと怖いな……っていうのが第一印象だったらしいわ」

「ぷっ、それだけ？」

「でもね、最初はなかなかうまく打ち解けることが出来なかった信長君だけど、
一生懸命自分を理解しようとしてくれている濃姫に魅かれていったの。
うつけ者と呼ばれてる自分の所に政略結婚とはいえ来てくれて、そして、うつけ者

扱いせず、自分を理解しようとしてくれる濃姫にどんどん心を開いていった。そしてね、時間が経つ頃には、家康君と同じように濃姫にも自分の理想の国づくりの話をしてたわ。家康君が織田家を去る頃には、三人で話すことも多かったのよ」

「じゃあ、濃姫と家康さんも仲良かったんだね」

「そう、後々までこの三人の関係は続いていくの」


「でもさ、いくら政略結婚とはいえ斎藤道三も世間では大うつけと呼ばれてた信長さんによく娘を嫁がせたよね。娘は可愛いんじゃないの？」

「濃姫のことは、とてもかわいがっていたわよ。自分に似て勝ち気で向こうっ気の強いやんちゃな子だったから可愛くて仕方なかったみたいね。

そしてね、斉藤道三も見抜いてたのね、信長君がうつけじゃないってことを。

だから濃姫との縁談をまとめたの。彼はね、武家の出じゃないのに戦国大名になった人なの。その頃は力が物を言う時代でしょ。力さえあれば、大名にもなれた。

彼は最初は僧侶だったのよ、そしてそれから油商人として財を成し、その財を持って武力を蓄えたって人なの。だから、現状を把握する力もあるし、人を見る目もあった。

その目で信長君を見て、これなら大丈夫だと判断したのね。

この二人にはちょっとしたエピソードがあるのよ」

「どんな？」

「斉藤道三はね、ものすごく人を威圧するエネルギー（雰囲気）を持ってた人でね、それが自分の個性だということを理解して上手に利用してたの」

「威圧するエネルギーを利用したって？」

「人と会う時ね、まずそのエネルギーで人を威圧するの……何もしゃべらないでね。ただ、黙って相手を見るの。そうすると相手はどうすると思う？」

「怖いよね……」

「そう、怖くてその場を何とか取り繕おうと、ご機嫌を取るような態度になって何でもいいからしゃべりだすのよ。その瞬間その二人の力関係が決まる。一度力関係が出来てしまったら、後からひっくり返すのは並みじゃないわ。そうなったら、斎藤道三のペースよね。こうして、人の上に立ってきた人なの」

「俺もあまり近寄りたくないね……」


「でね、信長君と会う時も同じ手を使ったの。黙ってね、ただ信長君を見つめた。信長君が、ご機嫌をとりだすのを待ってた。でも、信長君は一歩も引かなかった。そのまま顔色も変えず同じように道三を見ていたの」

「やっぱりうつけだぁ～、みんながビビるそのエネルギーを受けても平気でいられるなんて……凄い」

「二人して何もしゃべらず長い時間お互いを見てる……そりゃまわりはハラハラものよ。

いつ道三が怒りだすか、暴れ出すか、緊迫する二人のエネルギーにさらされたまわりの人達もたまったもんじゃないわ」

「そうだよね〜、俺は絶対にそこにいたくない。で、最後はどうなったの？」

「道三が、たまらず笑い出しちゃったの。道三も信長君の担力には驚いたみたいね。うつけどころかすごい奴だと」

「で、信長君はどうしたの？」

「そのままお辞儀をして帰っちゃった」

「何もしゃべらず？」

「そう、何もしゃべらず……スタスタと……」

「すごい、すご過ぎる……」

「あの子にはね、人の気持ち（考え）をある程度読める感覚があったの。だから、道三のやり方もわかってた。だから出来たことなのよ。ここから、斎藤道三は信長君の後見人のようになって、ずいぶん力を貸してくれるようになったのよ」

「そうなんだ、でもわかってても怖かったんじゃないかなぁ〜〜」

「怖いというより、面白かったって言ってたわ」

「面白がれる神経がすごい」

「信長君はこれと思った人物（自分を理解し、自分の考えに賛同してくれそうな人）には隠し事をせず、自分が思っていることをすべてさらけ出したの。

そうやって、信長君はいろんな人達を味方につけていったわ。

そして、そういう人達から戦の戦略の立て方を教えてもらったり、銃などの新しい武器の情報を手に入れたりしていったの。

信長君はとにかく強くなることしか考えなかった、それしか考えられなかったの。

強くなりさえすれば、国の中で一番強くなりさえすれば、自分が思い描く世の中を創ることが出来る。だから、今出来る事は強くなることだけだ……って。

それがちょっとストイック過ぎたのね。だからどんどんうつけ者呼ばわりが酷くなっていった、特に身内にね」


「身内は信長さんの事を理解できなかったの？」

「父親（織田信秀）は、ある程度は理解してたわ、ストイックな行動には、かなり疑問を持ってはいたけど、いろんな人を味方につけていく信長君の人望も認めていた。

ただのうつけじゃ人を味方につけることは出来ないってね。

だから、信長君を自分の後継ぎとして考えていたの。

でも、まわりは信長君を跡継ぎにするなんて考えられなかった。

そんな頃に、父親信秀が亡くなってしまったの」

「お決まりの後継者争いが起きた？」

「そう、信長君には信行という弟がいたの。その信行を跡継ぎにしようと主張する人達が出てきた。それが、父親信秀のある意味上司に当たる織田信友という人物。

その頃、尾張国は織田大和守家の当主で清州城主の織田信友が実権を掌握してたのね。

そして、信長君のお父さんは、その織田信友に仕える三奉行のひとりだったの。

でも、信長君のお父さんはやり手でね、その中でも大きな勢力を持ってたのよ。

だから、織田信友にとってはちょっと目の上のたんこぶだった。そのたんこぶがいなくなって、しめしめよね。信秀（お父さん）の勢力も飲み込んでしまおうと思ったの。

で、跡継ぎの事にも口を出してきたの。信長君は手が付けられない。だから信長君を排除して、おとなしく自分の言うことを素直に聞くとは思えなかった。だから信長君を排除して、おとなしく自分の言うことを聞きそうな弟信行に後を継がせようと画策したの。

跡継ぎは、ただのお飾りでいいって思ってたから」

「信長さんは、その織田信友って人とは話はしなかったの？

いつもみたいに、あけっぴろげに自分の事を話せばわかってくれたんじゃないの？」

「信長君は誰彼かまわず、自分の思いを話したわけじゃないのよ。

理解してくれると判断した人だけ。そうじゃないと、おかしな事になるでしょ？

なんせ世は戦乱の時代。誰が味方で誰が敵かを見定めないと天下を取るどころかその前にあっという間につぶされちゃうわよ」

「そりゃそうだ」

「あなた達の歴史では、信長君と弟信行は仲が悪く、信行は信友の誘いに乗って自分が父親信秀の後を継ごうとしたために、信長君に殺されてしまったってことになってるみたいだけど本当は違うのよ」

「弟まで殺す人非人、権力に取りつかれた男、鬼のような男という評判はここからきたって聞いたよ」

「それは、二人で考えたストーリーなの」

「二人って？　信長さんと弟の信行さん？」

「そう、実は二人は仲が良かったのよ。信行は信長君が大好きだったの。尊敬してたわ。だからそんな兄を差し置いて跡継ぎになろうなんて思ってもいなかったの。

そして、気の弱い（おとなしい性格）の自分には、
戦乱の世の中で勝ち残っていく力はないと知ってた。

だから、何としても兄に跡取りとなって織田家を継いでもらいたいと思ってたの。

そしてね、信長君が後継者になるのが当然だと押す人達もいた。道三もその一人ね。

こうして織田家の後継者問題を巡って、いろんな勢力がにらみ合うことになってしまった。

そこで二人は考えたの。弟信行が生きてる限り、この後継者問題は落ち着かない。

どちらが後継者になっても後々遺恨が残る。

そこで、弟信行に死んでもらうのが一番いいという結論に達したってこと」

「やっぱり、弟を殺したんだ。いくら天下のためとはいえ、それはひどいよ。なんか信長さんのイメージが……なんか俺も信長さんが理解できなくなってきたよ……」

「だから、慌てなさんなって。それは表向きのこと。殺してなんかいないわよ。弟信行に死んでもらうことにしただけ」

「どういうこと？」

「信行という立場の人間が死ぬってこと。信行自身は、名前と立場を変えてそのまま生きて、信長君のそばにいて手伝うってこと」

「じゃあ、信行さんも、信長さんの計画を知ってたの？」

「ある程度はね、でも家康君や濃姫ほど詳しくは教えてもらってはいなかったみたいね。あんまり大勢の人が詳しく知ってると、どこでどう情報が洩れていくかわからないでしょ。弟を信頼していなかったってわけじゃないけど、全部は話してなかったの。ただ、天下を取って今とは違う世の中にしたいっていうくらいね」

「それでも、弟は信長さんについてきてくれたんだね」

「そう、信長君なら何か大きな事を考えてるに違いないって思って、それだけで信長君についていこうと思ったらしいわ」

「信長さんって、人を動かすことが上手なんだね」

「何か人心掌握のテクニックみたいなものを使って人を動かしたんじゃないわよ。

信長君の熱い思いが人を動かしたの。信長君がすべてを語らなくても、その熱い思いのエネルギーが人を感動させたのよ。情熱ね。

自分の思いがまっすぐだと、人はそれに感動して協力してくれるのよ」

「熱い思いかぁ〜、それで、どうなったの？」

「そしてね、そこでまた二人は考えたの。どうせ死ぬなら（殺すなら）とことん酷いやり方で殺そうってね。とことん酷いやり方で殺せば、信長君は怖い人として世間に認知されるから、弟をそんなに酷い殺し方が出来るなんて鬼だ……とね」

「で、どうやって殺したの？」

「人前でね、首をはねたの」

「人前で首をはねたら、本当に死んじゃうじゃないの？」

「障子越しにね……シルエットを使ったのよ」

「なんと」

「庭に人をたくさん呼んでおいて、障子（その頃はしっかりとした障子ではなく、御簾みたいなものだったけど）の後ろで、二人で言い合いを始めるの。

そして激高した信長君が、いきなり信行をめった切りにした上に首をはねるのよ。

ちょっと狂ったような芝居をしながらね」

「でも、首をはねるって、シルエットだけじゃ無理でしょ？」

「そこについたてを置いておいて、首だけ信長君が持ってるようにみせかけるのよ。

障子はめった切りにしたときに血がたくさん飛び散ってよく見えないから、ついたての後ろに信行の身体があるなんてわからない。

で、信長君は信行の髪を持って、さも首を切り落としたかのように見せたの。大きな笑い声を立てながらね……ほとんど狂気の芝居をうったのよ……なかなかの役者だったわよ」

「血は？　血はどうやったの？」

「動物の血を使ったの。動物の血をバケツのようなものにためておいて、ついたての後ろに隠れていた濃姫が、タイミングに合わせて何度かに分けてぶちまけた」

「濃姫まで加担してたんだ。面白い」

「でもそんなことはまったく知らない庭にいた人達はびっくりよ。

信長君が狂ったように笑いながら自分の弟の首を持ってるんだから……

そこからみんな信長君のことを鬼と呼ぶようになった」

「でも、そんな狂気の人じゃ、そのあと誰も信長さんについてこないんじゃないの？

本当にただのうつけ者にしか映らないよ」

「狂気と正気の境がわからないけど、でも、戦には強い。実力は誰もが認めていた。

この頃は、狂気もまた実力のうちとされていたの。

戦に勝つには少しくらい狂気を持っていないと無理だとね。

だから、信長君についていけば、勝利者の側にいることが出来ると思った人達も多かったってこと。それも狙いのうち。無駄に敵を作らず、従う人を増やすというね」

「それで一件落着したってこと？」
「そうね、その後、信行を担いで跡継ぎにしようとした信友を制圧したりして
バタバタはしたけど、その後名実ともに信長君は織田家の頭領となったの。
ここから信長君の天下統一への第一歩が始まったの」

「その後、どこから手をつけたの？」
「手をつけた……次にどうしたかってことね。まず信長君は、今の幕府の現状を見よう
と思って京都へ向かったの。百人ほどの軍勢を引き連れて、当時の室町幕府の十三代将軍
足利義輝に会いに行ったのね。そこで幕府のあまりに体たらくぶりに嫌気がさし、
あまりに国の事を考えていない幕府に怒りを覚え、これはもう自分がやっぱり
天下を取って新しい国を創るしかないと改めて思ったのよ。そんな信長君の動きを見て
不愉快に思った人がいた。たかだか尾張の頭領になったくらいで、偉そうに京へ上り
将軍にまで会いに行くなんて、なんて生意気な……と」
「それは誰？」
「当時信長君よりもっと勢力のあった今川義元。
この人はその頃一番日本で力があったとされる人。その今川義元を怒らせてしまったの
ね。そこで、今川義元は信長をつぶそうと思い、今川の方から信長君に戦を仕掛けてき
たの。これが、あなた達の歴史で言われている桶狭間の戦い」

「桶狭間の戦い……この時、家康さんは今川勢に加わってた……って聞いたけど」

「そうなの、織田家を去ったあと、家康君は、次に今川家に人質に出されてた。だから、その頃は今川の勢力の中にいたの」

「じゃあ信長さんと家康さんは敵同士で戦ったってこと……」

「表向きはね……」

「また、表向きはね……なの？」

「そう、家康君の気持ちは、信長君の味方だから……」

「だから……？」

「今川の情報を流してたの」

「スパイしてた……ってこと？」

「そうね、今もそうだけど、その頃も情報合戦がすごかったのよ。より多く情報を持つ者が勝てる……なんだか、スパイをしたっていうとイメージが悪いかもしれなけど、情報戦は、どの武将もしてたことだし、あの子達は目的があってどうしても戦に勝たなければいけなかったの。だから今川の情報を信長君に流していたの」

「だから、勝てたんだね……なんだか変だなとは思ってたんだよ。だって今川勢は二万以上の兵がいたのに、信長さんは五千しか兵がいなかったって、いくら戦がうまいって言っても、相手も百戦錬磨の武将でしょ、その上にそれだけの兵力の違いがあって勝てるって、よっぽどだなって……」

「家康君が情報を流してたから勝てたんじゃないわよ……そりゃ情報は大きな武器だけど、それだけじゃ無理よね。反対に今川に情報を流していた織田家の家臣もいたんだから……」

「じゃあ、どうしてあんなに大勢の今川を破ることが出来たの？」

「数じゃないのよ、数じゃ……いくら数が多くても、戦の素人ばかりじゃ兵力にはならないわ」

「どういうこと？」

「その頃の武将達はね、農民まで戦にかりだしていたの。もちろん今川もね。だから、ある意味素人集団。現場で指示を出す人はプロかもしれないけど、昨日まで鍬を持って土地を耕していた人達に指示を出してもそうそう動けないわよね。でもね、信長君の勢力は違ったの、みんなプロだったの」

「みんなプロ？」

「そう、もともとね、信長君は武士の争いに何の関係もない農民を巻き込むことに反対だったのよ。自分達、特に大将や上の人達は、後ろの安全なところでただ指示を出すだけで、関係のない農民を実戦の危ないところに向かわせるなんて、まったくもってありえないと。農民の命を軽々しく考えているからだと。とても腹立たしく思ってたの。だから、信長君は自分で志願して戦に加わった人しか戦に連れていかなかった。そして、しっかりと訓練した。だから数は少ないけど、精鋭のプロ集団だから強かったの。それで勝ったのよ。だから数は関係ないの」

「そりゃプロの集団の方が強いわ」

「この桶狭間の戦いで今川義元が倒れたことで、家康君は人質という立場ではなくなってもともとの故郷だった三河に戻った。今川が倒れるまでは、三河は今川の領土とみなされていたけど、家康君はこれを期に今川に反旗を翻し三河の頭領となったの。そこで、三河の頭領として信長君と同盟を結んだのよ。これが清州同盟ね」

「どんな状況であっても、家康さんは信長さんの仲間だってことね」

「そう、小さな頃から聞かされていた信長君の理想の国づくりの計画は、家康君にとっても同じ思いだった。それはどんな状況になっても変わらなかったの」

「強い絆ってことか……だから、あんなに大変な事もやり遂げることが出来たんだね」

「この二人は、まったく違う性格をしてたのに、本当に信頼しあってたわ」

「違う性格って？　家康さんはどんな人だったの？」

「家康君はね、おっとりした子でね、信長君の後ろにいる弟みたいな感じかしら。走りながら考える信長君と、ゆっくり熟考しながら判断する家康君。お互い違う性格だから、うまくいったのね」

「家康さんはおっとりしてたんだ……なんかわかる気がする……人質になっても機が熟するまで待つことが出来る人って感じだもんね」

「そして同盟を結んだあと、お互いを信じ切っていた家康君と信長君はお互いの背中を預け、信長君は斉藤の美濃国、家康君は今川の駿河国へと進んでいったの」

上杉
佐竹
浅井
武田
北条
毛利
三好
織田
徳川
大友

「でも、ちょっと待って、美濃国って、道三さんの所でしょ？　濃姫のお父さんの……そこをどうして攻めるの？」

「この頃の美濃は、斎藤義龍の子供の龍興の世代になってたのよ」

「でも道三さんの孫でしょ？　濃姫の実家……それをどうして？」


「道三は息子である義龍によって排除されたの。そして義龍が頭領となったの。そのやり方に信長君は怒りを覚えた。だからそれ以降、信長君と斉藤家は険悪な関係となってた。そしてその義龍も病気で亡くなり、その後はその息子の龍興が頭領だった。その龍興を倒すことで、その部下達を信長君の味方につけた……これで美濃の国は信長君の傘下になったのね。その美濃の国を傘下に収めるのに、もう一人の人物が関わってるのよ」

「それって誰？」

「それが、浅井長政」

「美濃を攻略するためには、そのまわりの越前・近江との関係を築くことが得策だと信長君は考えたの。そこで近江の国の中の浅井長政という武将に声をかけたの」

「どうして浅井長政だったの？　何か関係があったの？」

「勘ね……信長君の勘」

「勘って……戦に勘って……」

「勘は大切なのよ～……すべてにおいてね。特に戦には鋭い勘が必要なの。

あなたもプロの勘って言葉使うでしょ。

料理人なんかもプロになればなるほど勘で料理するわ。

プロで計量カップ使ってる人っていないでしょ……

それは、もう身体が覚えてるし感覚で味もわかるの。

勘ってね、知識じゃないところの情報なのよ、バカに出来ない感覚なんだから」

「そうなんですか……確かに、計量スプーン使ってるコックさんって見たことないよな」

「話が逸れちゃったから戻すわよ……近江の国は、ナーガの色が濃い所だった。
なかなか手強いところね。そこで近江のあたりを中心にたくさんの情報を集めたの、
自分の話を聞いてくれそうな人はいないか、自分の味方になってくれそうな人は
いないか……。そこで信長君のアンテナにヒットしたのが浅井長政だったの」
「で、同盟を組んだの？」

「浅井長政もね、日頃からまわりのやり方に不満を持っていたの。
今日の友は明日の敵……裏切り合うのが当たり前の世の中、
領民や国の事など興味を持たず、ただ自分達の権力欲や功名心のために
人を裏切り合う関係に嫌気がさしていたのね。そこに信長君の提案があった。

みんなが平等で、戦もない平和な国を創りたいと思ってるんだが、
協力してくれませんか……と言われ、自分の気持ちと同じだと思った長政は
信長君の提案を受け入れ同盟を結ぶことになったの」

「浅井長政って、信長さんの妹と結婚したんだよね」

「そう、お互いの関係をもっと深いものとするために、姻戚関係を結ぶのが
この頃の風習だったから、自分を信頼してもらうために妹お市と結婚させたの」

「なんだかなぁ～、それって政略結婚でしょ？　妹を自分の計画のために道具にした？

信長さんってそんな事までしたの？　ちょっとなんだかなぁ～～の気分だよ」

「一方的に無理に結婚させたわけじゃないのよ、そこは誤解しないでね。

お市ちゃんは、信長君から聞いてたの。信長君が何をしようとしているかをね。

そして、同じように自分もお兄さんの理想の国づくりに参加したいと思った。

でも、女である自分は戦に出て戦うことは出来ない。それならば、自分が出来ることを
しようと思ったの。それで自分で長政との結婚を決めたのよ。

妹お市を道具として意志も確認せず結婚させたわけじゃないってこと」

「そうなんだ……お市さんも信長さんと同じ夢を見たんだね……」

「この同盟のおかげで、信長君は美濃の国を傘下に収めることが出来たの。

そして、次に越前の朝倉に駒を進めることにした。ここはね、信長君の理想の国づくりの

話をしたってまるで聞く耳を持たないような所だったの。話し合いで何とか収めるなんて無理な話で、戦をして力で抑えるしかない所だった。

だから、後ろは信頼していた長政に任せて朝倉に向かって家康君と進軍したの。

最初の頃は順調に進むことが出来て朝倉側の城を次々と攻略していったの。

でもね、最後に長政が裏切った」

「どうして？　長政も信長さんの国づくりに賛同して協力することを約束したくれたんじゃないの？　お市ちゃんとも結婚して姻戚関係まで築いてたのに……」

「家臣が長政についてこなかったのよ。家臣を納得させることが出来なかったの。自分の気持ちを熱く語ることが出来なかったのよ。自分一人の心の中だけで考えてた。どうせ話をしても理想論だと言われるのが落ちで理解なんてしてもらえるわけがない……と、ちょっと諦めてたところもあったわ。だから人が動かなかった、ついてこなかったの。これが信長君との違いね」

「熱さねぇ〜」

「そうよ、何事においても、人の心を掴み、動かすのは、素直に自分の本音をさらけ出し熱く表現する……とてもシンプルなの。それを信長君はよく知っていた。

熱く自分の思いを語り、自分が先頭になって走っていたの。口だけではなく、自ら動く。だから人は感動し、信頼してくれ、一緒にやってくれたの。

そして、もう一つは自分を信じること。信長君は最後の最後まであきらめなかったわ」

「で、長政さんに裏切られた信長さんはどうしたの？」

「大変だったのよ、前には越前の朝倉がいて、後ろには裏切った長政勢……挟み撃ちにあってね、それはもうハラハラドキドキものだったわ」

「聞いてるだけでハラハラドキドキだよ、で、どうやって切り抜けたの？」

「ここにね、秀吉君と光秀君が登場するわけ……」

「その二人って豊臣秀吉と明智光秀？」

「そう、この戦に二人とも参加してたの。家康君がなんとか信長君の逃げ道をつくり、そして逃げてる信長君の後を追わせないようにしんがりを務めたのが、秀吉君と光秀君。この二人のおかげで信長君は逃げおおせることが出来たの」

「長政は大丈夫って思った信長さんの勘が外れたってことだね？」

「そりゃ、時には間違うこともあるわよ、信長君も順風満帆に次々と攻略していったわけじゃないわ。今回のように命からがら逃げることも何度もあったのよ。

でも、信長君は絶対に最後まであきらめないの。この手がダメなら次にどの手がある？……といつも考えてた。手はない……とは絶対に考えなかった。絶対にあきらめなかった。だから強かったの。常にその時の状況を把握して、柔軟にその時に一番有効な手を打つことが出来たのよ。信長君は走りながら考えることが出来る子だったわ」

「でも、長政さんに裏切られて怒ったでしょ？」

「それも信長君の柔軟さなんだけどね、信長君は気持ちの転換が早いのよ。終わったことにいつまでも執着しない。裏切られたら、それはそれで仕方がないと考える。裏切られたなら、裏切られた後の処理を考えるの。裏切られたと言って怒っていても、次にはいけないでしょ。そんなのは時間の無駄よね。サクッと忘れて次の手を考える、逃げ足も速かったしね……これも戦においては、とても大切な能力なのよ」

「それって、いまの社会でも大いに勉強になるね。で、この戦はどうなったの？」

「決着がつかなくて、朝倉、浅井連合軍とはその後も小競り合いを繰り返してたの。そして、その間にも攻略しなければいけない所もある。あっちこっちで結構気が抜けなかった。そこにまた面倒な事が起きてきたの」

「面倒な事？」

「戦国時代最大の宗教的武装勢力である本願寺勢力と戦うことになったのよ」

「それなんだよね、なんで寺の僧が戦うの？　おかしいでしょ？」


「そうなの、それが信長君も気にいらなかったの。その前から僧というより武士のように武力を持ちはじめた本願寺に、信長君は戦国大名の戦いに参加しないように話はしてたんだけど、宗教として中央集権（朝廷）と結びついていた本願寺は聞く耳を持たなかった。この戦いには、信長君も相当神経を使ったわ。だって、中央集権を敵に回すかもしれないことだったからね。この頃はまだ中央集権を敵に回すのは得策じゃなかった」

「話に聞いたところ、信長さんはこの本願寺の戦いで酷い事をしたとか……よほど僧が嫌いだった？」


「どんな事をしたって習った？」

「戦いに関係のない僧侶、学僧、上人、児童の首さえもはね、ことごとく焼き討ちにしたとか……」

「信長君はね、たしかに話し合いに応じず、戦いを挑んでくる相手には容赦はなかったわ。それはね、その方が挑んでくる人達が減るからなの。

無駄な戦いを避けるためにやってた事なの。でもね、残忍な事は一切してないわ。

戦いに関係ない人達まで巻き添えにして殺すなんて絶対にしない。

だって、彼の目的はみんなが平和で平等な国を創ることだから。武士の巻き添えでイヤな目にあってる庶民を何とかしたいと思って始めた事なのに、関係ない人々に刃を向けることなんてありえないでしょ。そんな事をしてしまったら、信長君の思いは根底から崩れ去ってしまうことになるわ」

「じゃあ、その記述もウソだってことなの？」

「信長君のイメージを悪くするための捏造ね」

「ホント、歴史って嘘ばっかりだよな」

「そんなこんなで、神経を使いながら十年ほど本願寺と戦ってたんだけど、やっと何とか本願寺と和睦を結ぶことが出来たの。ところが一難去ってまた一難……またやややこしい案件が持ち上がってきたのよ」

「またかよ……今度は何？」

「これはね、信長君がまだ子供の頃から始まってるんだけどね、外国勢力が日本列島に目をつけ始めてしまったの」

「外国勢力？　大陸じゃなくて？」

「そう、今まではナーガが日本列島の支配権を持ってたけど、レプティリアン達もちょっかいをかけてきたの」

「レプティリアンねぇ～、ということは、ヨーロッパ勢力？」

「そう、最初に来たのは、あなた達もよく名前を聞くと思うけど、フランシスコ・ザビエル」

「宣教師でしょ？　宣教師が来たことがそんなに脅威になるの？」

「それがヨーロッパの人達（レプティリアン達）のやり方なの。占領したいと思う所があると、まず宣教師を派遣するの。宣教師は、ある意味スパイ。布教するという名目で、各地を歩くことが出来る。その国の隅々まで知ることができるでしょ。そうして知り得た情報を本国に流すの。地理などもそうね。地理は侵略するには絶対に必要な情報だから。そして、もう一つの目的は、その国の人々の考え方を変えること。自分達の文化に染めるの。

そうやって内側からその国の文化を壊していき、
そして機が熟す頃に今度は武力で制圧する……これがあの人達の典型的なやり方。今まで侵略されて植民地になった所は、みんなこの手でやられてるわ……ちょっと調べてみればわかるわ」

「ちょっと待って……宣教師って……キリスト教徒だよね」

「そうね、キリスト教」

「キリスト教の宣教師が侵略するの？　え？キリスト教だよね、キリスト教って愛とか平和を説いてるんだよね……え？ちょっと混乱してきた。で、キリスト教とレプティリアンってどんな関係があるの？」

「仏教がナーガで、キリスト教はレプティリアンが作った宗教なの。どちらかというとね、レプティリアンのキリスト教が先で、その後それを真似して作ったのが仏教」

「え？宗教と宇宙人……ナーガが神社を作ったってことは聞いたけど、キリスト教がレプティリアンだとは……どういうこと？」

「まずね、キリスト教が興るまえは、神はたくさんいたの。そうよね。宇宙人のレプティリアンが自分達を神だと教えてたんだから。ギリシャ神話がそうね。日本だと古事記。神話の中に神さまがたくさん出てくるでしょ。そして、酷いこともたくさんしてる。神と言いながら、やってることはどう？人間にしてはいけませんってことばかりしてるんじゃない？」

「そう言われれば、古事記やギリシャ神話読んだ時にものすごく違和感を感じたな。神って酷い人達だと思った」

「そうでしょ、どんな顔して愛を説いてるの？隣人を愛しなさいって言いながら、自分達は？って思うわよね、ほんと」

「で、その神さま達がどうしたの？」

「最初はたくさんいたんだけど、だんだんたくさんいることが不都合になってきたの。だから、まとめて一人にしたの。一人だけの神。ものすごく力を持った神。それがキリスト教になったの」

「いや、意味がわからないですけど……」

「たくさんの神がいて権力が分散するより、強大な神をひとり作った方が権力は集中するでしょ。だから、ひとりにして人々を絶対的に降伏させ支配しようとしたのよ。それを書いているのが、旧約聖書ね。人間は神の形をまねて創られたっていうことが書いてあるでしょ。それは自分達が遺伝子操作をして人間を創ったっていうことをサラッと言ってるの。そして、その神に従わなかった人間は素晴らしい国であるエデンを追い出され苦しい生活をするようになった。人間はそういう風にもともと神に背く悪い（罪深い）存在なんだ（原罪）と刷り込み、その後、その罪深い自分を反省し、どうすれば神に許してもらえ、また神の近くの天国（エデンのような）に帰れるかを書いたのが新約聖書。そのためにキリストを使ったの」

「イエスキリストって、人間でしょ？」

「そう、彼を神の子という立ち位置にして、宗教を作ったってこと」

「……っていうか、どうして人間がまた神の子となる訳？」

「キリストは、ブッダと同じでチャネラーだったのよ」

「また?チャネラー?」

「そう、チャネラーは外の情報を得ることが出来るから、真実を知ることが出来る」

「外の情報って?」

「あなた達の社会は閉鎖されてる……教えてもらえる知識しか入ってこない。レプティリアンやナーガ達（他にもいるけど、大きくはこの二つの種族）にとって都合のいい情報、知識しか与えられていない。彼らの支配を人間が進んで受け入れるような情報しか得ることが出来ないの。わかるでしょ」

「だね」

「でも、外の情報を得ることが出来たらどうかしら?」

「どうかしら?って言われても……」

「真実を知ることが出来たら、この社会はおかしいって思えるでしょ。それをみんなに伝えたいって思うでしょ?」

「そうだね」

「だから、伝え始めるの。そして、みんなそれを聞きたがるの。だから支配者たちに嫌われる。そして反対に利用されてしまうの」

「ブッダのように、教祖にされて伝えてることを捻じ曲げられてしまうってこと?」

「そう、キリストも同じように教祖のようにされて、神の子として持ちあげられ、キリスト教という宗教が出来たってわけ」

「聖書に書いてあることは、キリストが伝えていたことと違うの？」

「そうね、まったく違うことが書いてあるわね。ある意味、まったく反対のことね」

「……それを信じている人達が世界中にいるのに……」

「だって、愛と平和を説いている宗教を信じている人達が、どうして宗教戦争なんてするの？自分達の信じている教義と違うということだけで、戦争をするっておかしくない？」

「それは俺も感じるところだけど……」

「そうやってね、彼らは宗教を使って人間達を分離させるの。分離させ、戦い合わせることで、本当の愛や平和が何かわからなくするためにね。その方が彼らにとって支配しやすいから……」

「ひどい」

「そして、宗教を使って侵略を始めたのよ。領土を増やし始めたの」

「どうして？」

「主にキリスト教の中のカトリックという宗派の中のイエズス会といわれる人達なんだけどね」

「イエズス会って聞いたことあるけど、すごく大きな宗派でしょ？バチカンもイエズス会だとか」

「そうね､最初はひとつの宗派しかなかったのね。そこからいろんな宗派が出来てきたの」

「よくある話しだけど……」

「ある時、ある宗派が免罪符というお札みたいな物を出しちゃったのね。

そのお札を持てば、簡単に自分の罪が軽くなるという証明書を発行しちゃったのね」

「そのお札をお金を出して買う?的な?」

「そう、お金でどうにでもなるって言っちゃったのね。

そしたら、いままで聖書を信じて、苦しい思いを受け入れ、なんとか天国に行きたいと頑張っていた信者達が怒ったの。お金で何とかなるなんて考え方は許せないってね。

その出来事がもとで宗教改革が起きてたくさんの新しい宗派が出来た。

その中のひとつにプロテスタントがあるの」

「そういうことなのか、宗教って、何だかなぁ〜〜だよねぇ〜……

言ってることとしてることが違うじゃんって言いたいね」

「そう、その中でもまだ大きな勢力を持っていたのがイエズス会。

彼らは、最初のキリスト教の教えを強く受け継いでいるの」

「どういうこと?」

「彼らの神（レプティリアン）の考え方に近いってことよ」

「どういう考え方?」

「人は支配して良い……ってこと。弱い?人には何をしてもいいいって思ってる」

「そんなぁ～」

「そして、権力、富が好き」

「だから、どんどん支配を広めるために侵略していった?」

「そう……特にね、西洋人、白人（カトリック信者）以外は人間だと思っていなかったの。

西洋人（白人、カトリック信者）だけが神の子であり、他の人種は人間以下の存在だと思っていた。だから、侵略する場所を見つけたら、
どんなに非道なことをしても良いと思ってたの」

「もう一度聞くけど、愛と平和を説いているんだよね……」

「そう、人間に対してのね」

「え?人間に対しての愛……ってことは、西洋人、白人（カトリック信者）以外には?」

「ただの支配の対象でしかない」

「もう、言葉を失うよ」

「そして、どんどん領土を増やしていった。富（特に金、ゴールド）を見つけると容赦なく奪っていったわ。そこに住む人たちを容赦なく排除し、富を独り占めにし、そこに住み始め、最初に住んでいた人達を奴隷にしてこき使った」

「宗教って……」

「でも、彼らは正義だと思ってたのよ。」

「え？人を排除して、人権を奪って、それが正義なの？」

「そう、人間以外には何をしても良いと思ってるし、自分達に支配してもらえることで彼らも幸せになるとさえ思ってた。だから、服従させるためには何でもするのよ」


「あの話は本当だったんだ」

「どの話？」

「西洋人が海で難破して現地の人に助けてもらったんだけど、元気になったとたんに現地の人を奴隷のようにこき使いはじめて、あげくはすべてを奪った……コロンブスもそうだったって」

「人間だと思ってないから、人権も何もない。だから、捕まえては船に乗せ奴隷として売ることも何も悪いことだと思ってないのよ。考え方の違いね」

「考え方の違いって……そんな簡単に言わないでよ」

「だって、それがもともとのレプティリアン達の考え方、価値観なんだから、それを受け継いだ人達はそうなるわよね」

「うう……」

「最初の頃はこうしてとにかく力技で制圧していったんだけど、だんだん力だけではうまくいかなくなってきたの。そこで考えたのが、宗教の布教という形ね」

「それが宣教師？」

「そう、まず優しい顔をして近づくの、敵意はありません、私たちの信じる神のことを知って頂きたいと思います。愛にあふれた神のご加護をあなたにもお伝えしたいのです。と近づいて、そこの人達が信じた頃に武闘派がやって来て力で制圧するという形をとっていった。アジア諸国もそうやってどんどん制圧され、植民地化されて行った。そして、日本の戦国時代にザビエルが先駆けとしてやって来たの。ザビエルが最初の斥候だったのね」

「斥候……教科書で習った事は何だったんだろう……良い人的に書かれてたよね……」

「そして次に、もうちょっと本格的に派遣されてきたのが、ルイス・フロイス。そこは新しもの好きの信長君、外国人が日本にいるということを聞きつけてどうしても会ってみたくて、伝手を辿り実際に会ったの」

「初めて見る外国人に信長さんはどうしたの？　日本人とは姿かたちがずいぶん違うだろうから驚いたでしょ？」

「驚いたのはフロイスの方……」

「フロイスが驚いた？　日本人を見るのは初めてだから？　そんな事はないか、信長さんに会う前にもたくさんの日本人と交流があっただろうから……じゃあ、何に驚いたの？」

「気迫？　信長さんの？　信長さん、フロイスに最初からケンカ腰だったとか？」

「気迫……」

「違うわよ、信長君はいつもの信長君なんだけど、フロイスの日本人に対する印象がまるで違ったの。今までの経験から、自分達のほうが文化的にも・武力的にも優れているという自信があって、どこに行っても常に相手を見下してきたフロイス（レプティリアン系の宣教師達）なんだけど、信長君に会った時に、その聡明さと醸し出す気品に驚き圧倒されてしまったの。これまで侵略してきた民族は、自分達が強気で出れば、怖がって反抗することをあきらめて支配されることを受け入れた。

だから今度も最初から威圧すればいいと思ってた。でも信長君はそうはいかなかった。

初めて二人があった時も最初に上から出て威圧すれば、力関係はすぐに出来ると踏んでたフロイスは、その手を使ったの。

でもね、信長君はそんなことでは怯まない。あの道三に会った時のように目をそらさず、何も話さず、ただフロイスを見つめた。フロイスはびっくりよ……

その手しか考えてこなかったフロイスは、反対にどうしていいかわからなくなってしまったの。困ったわ。

その動揺しているフロイスの心を読み、信長君はフロイスに向かってにっこりと笑ったの。

堂々とした笑み、決して下からごまかしで見せる笑みではなく、あなたと私は対等であると主張する笑み。

その誇りに満ちた笑みを見たフロイスは、これは凄い人物だと思ったのね。

初めて自分達と対等に話をする人物を見て、フロイスは信長君に尊敬の気持ちをいだいたの。こうして信長君とフロイスの間には深い友情が芽生えたの。

信長君は、いつものように自分の理想の国づくりの話をフロイスに熱く語ったわ。

庶民が平和に楽しく豊かに暮らせる国を創りたいと……

だからいま自分はこうして戦ってるんだと。

その信長君の話に、またまたフロイスはびっくりよね。

だって自分達の国の国王、貴族達は、自分の権力を大きくすることしか考えてなかったから。庶民の幸せのことなど考えもしなかった。

どんどん人々を制圧し、他の国や土地を占領し、自分の富や名声を広めることだけに躍起になってた。それが国王、貴族達だと思ってた。それが当たり前だと思ってた。

でも、そうじゃない人間もいることに、大きなカルチャーショックを覚えたの。

そして、自分もまたそんな国王達の片棒を担いでいることに気が付いた。

熱く語る信長君の前で自分達のしていることが恥ずかしくなったの」


「で、フロイスはどうしたの？」

「信長君にすべてを話したのよ」

「すべてを……って。侵略しようとしているって事まで？」

「そう、自分達のやり口をすべて信長君に話したの」

「信長さんは驚いたでしょ？」

「そうね、さすがに驚いてたわ……でもそこは信長君。その貴重な情報をどう使うか考えた。強大な武力を持つ国々とまともにやり合って勝てるはずがない……ならどうする？」

「武力使わず、計画を実行させせない方法……」

「穏便に事を進めようと思ったの。一応は受け入れる態度を取りながら、少しずつ関係を細くしていく方向で動くことにした。宣教師の受け入れの人数を減らしていったり、自由に動き回っていた宣教師の動きに制約をかけていったりして、こちらの情報が流れないように、そして日本の文化を壊されないように守っていくことにした。それが後々の日本の鎖国への道へとつながっていったの」

「鎖国ってそういう意味があったのかぁ〜、日本を守るために国を閉ざしたんだね」

「そう、学校で鎖国は悪い事だとか、徳川の失政だとか教えられているかもしれないけど、まるで反対なの。すべては日本を守るためだったのよ。信長君がそれをしなかったら、日本列島はもっと早くに占領されてたわね。

今頃は、日本という国はなかったんじゃないかしら？」

「信長さん、本当にありがとう。でもフロイスはそんな情報を流しちゃって無事だったの？」

「信長君が、フロイスから聞きましたなんて誰かに話さない限り、フロイスの事が本国にバレることはないから大丈夫。反対にフロイスは本国に日本という国は、今までのようにはいかない。この国を侵略するのはかなり困難だと報告したのよ」

「フロイスもありがとう……だね」

「まわりの大名にも気を配り、仏教の僧達とも戦い、おまけにヨーロッパからの侵略をも防がなければいけない……信長君も大変だったのよ、本当に……」

「いくつ頭があったら足りるんだって感じだよね……」


「まわりにもずいぶん助けてもらいながらね、どんどん勢力を伸ばしていって、京を中心とした畿内とその周辺を傘下に収め、敵対する武田を制圧し、関東の後北条、東北の伊達、九州の大友も信長君の味方になってくれそうな勢いになってきた。あと残るのは、中国の毛利、四国の長宗我部、北陸の上杉、九州の島津だけになった。毛利は、秀吉君の働きにより勢力を失いつつあったし、上杉は謙信が亡くなって、軍団は勢いを弱めてたし、島津は九州の中にあって、単独で信長君に対抗せざるを得ない情勢だったのね。早い話が、信長君の天下統一は、あと一歩のところに来たってこと。

みんな信長君が天下を取るって信じてたわ……

その時にね、信長君は動いたの。機は熟したってね」

「え？　え？　機は熟した？……どういうこと？」


「信長君は、この世から消えることにしたの？」

「また訳のわからない話になってきたんだけど……消えるって？死ぬってこと？」

「そう、表向きにはね……」

「また、お得意の表向き……って事は、死んだふりしてどこかに行くってこと？」

「そう……その計画が、本能寺の変なのよ……」

「本能寺の変って、突然理由もなく明智光秀さんが信長さんを襲ったってやつ？
あの事件ホント不思議なんだよね、昔から。
教科書では、信長さんが光秀さんをイジメまくって、
あまりのやり口に切れた光秀さんが突然逆切れして襲ったってことになってるけど、
いくらイジメられたからって、急に軍隊を翻して大将を襲うかねぇ～。
だって、信長さんは光秀さんを信じてたんでしょ？　信じてたから、戦も何回も一緒に
戦ったし、大事なところは任せていたんでしょ？　それなのに、そんな逆切れするほど

イジメるかなぁ～……って思うんだよね。本当のところはどうなの？　さくやさん……」

「これはね、天下をうまく収めるために仕組んだお芝居なのよ。

信長君と光秀君は仲が良かったわ、お互いとても信頼し合ってた。

光秀君は濃姫の従妹にあたるのね、濃姫とも仲が良かった。

だから、若い頃から信長君、家康君、濃姫、光秀君の四人でよく話をしていたの。

もちろん、信長君の理想の国づくりの話も知ってたわ。

だから、ずっと信長君の側近としてそばにいたの」

「うん？　よく意味がわからないんだけど……

信長さんと光秀さんの関係や本能寺の変が計画だってことはわかったけど、
そもそも天下統一まであと一歩のところで、
どうして信長さんが消えなきゃいけないのかがわからない」

「信長君は、自分が天下を取ってはいけないと思ったの。

自分は武家出身だから、それでは今までと変わらない。

新しい国は平等な国、それには農民の出身である秀吉君が適任だと思ったの」

「農民出身だったから、秀吉さんが後を継ぐ計画？」

「そう、これから創る国は庶民のための国。今までのように武家のための国じゃないの。

だから、庶民の気持ちがよくわかる人の方が良いと思ったのね。
秀吉君は機転も利くし、行動力もあって戦にも強い、
そしてどんなに偉くなっても人々に偉ぶることがなかった。
だから、民衆にとても人気があったの。自分達と同じ農家出身でどんどん出世していく
秀吉君を民衆はとても好意的に受け入れていた。その人気は凄いものだったわ。
そして信長君もそんな秀吉君がとても気に入ってたの。
だから、自分の後は秀吉君だと信長君は決めたの」
「秀吉さんに後を継がせるために、信長さんは消えることにした……」
「そこで、また民衆受けの良くなる計画を練ったってこと。
信長君も意味もなく消えるわけにはいかなかった。
何かの設定がなければ民衆は納得しない。ストーリーは派手な方が面白いし、
みんなの関心を得るでしょ。だから、出来るだけ派手に消えることにしたの。
そして、秀吉君を跡継ぎにするためにも、秀吉君のイメージを上げ、
みんなが天下人として納得するようにしなければいけない。
その二つを満たすための大芝居。それが本能寺の変だということ。
すごく簡単に説明するとね……
光秀君が、信長君にクーデターを起こし暗殺。

秀吉君が、不忠者であり信長君の敵である光秀君を討ち（民衆の納得の上）信長君のやり残した天下統一を成し遂げる。

家康君は　秀吉君の後見人として理想の国づくりのために協力していく。

っていう計画ね」

「なるほどねぇ〜〜……理想の国づくりのために四人とも自分の役割があったってことなのね。でも、みんなすごいね。人って立場が変わると、考え方も変わるじゃない。

信長さんはあと一歩で自分で天下が取れるってところまで来てるのに、
その栄光？　をさっぱりと捨てて消えようとするし、全国的にメチャメチャ悪者になってしまうのに光秀さんは信長さんを討つことをし、秀吉さんはみんなの願いを一心に受け大役を継ぎ、家康さんも補佐役に準じる。

みんなが同じ夢を見て、信頼しきっていないと成し遂げられない事だよね」


「ただ、ちょっとだけ秀吉君が最後の方で方向を間違えちゃったのね。

だから、補佐役に準ずるはずの家康君が計画とは違って最後に天下を統一することになっちゃったのよ。その話は後からするとして、本能寺の変のからくりを話すわね」

「からくりね……」

「まずは、さっきあなたも言ってたけど、

光秀君が信長君にイジメ倒されているというイメージを創ったの。

光秀君はずっとそれに耐え、我慢しているというイメージね。

ここでも、信長君は鬼という役目を請け負ったの。

ひどい奴、自分のために身を粉にして尽くしてくれている家臣までもをイジメる人非人、
外道というイメージをどんどん高めていった。

光秀君が謀反を起こす理由が必要だったから。

機が熟したころ、みんなで行動に移したの。

本能寺の変の開演のベルが鳴ったってとこね。

信長君は、甲州征伐から帰って来た光秀君に、
武田との戦いで長年頑張った家康君の労をねぎらう席を安土城で設けるからと、
その接待役をさせた……ということにしたの。

そしてね、その接待の仕方が悪いとまたイジメたおした……ということにした。

そして、家康君の接待が続く中、
備中高松攻めに行っている秀吉君の使者より援軍の依頼が届くの。

秀吉君は信長君から前もって接待の途中に援軍を求める使者を送るように言われてたのね。

そして計画通り援軍を求められた信長君はすぐに光秀君を秀吉君の援軍として
向かわせた……光秀君は一万三千人の手勢を率いて出陣。

その間に、信長君は、中国遠征の出兵準備のためということで上洛し

本能寺に逗留して機を待っていたの。

そして、秀吉君のところに向かうはずの光秀君が桂川を渡ったところで、突然、〝敵は本能寺にあり〟と叫んで、その軍勢を本能寺に向かわせたの。配下の兵達は本能寺に誰がいるのか、敵って誰なのかを知らないまま、光秀君の命令に従い本能寺を囲んだってわけ。

信長君は状況を見て本能寺に火を放たせ、しばらく様子を見た後、濃姫やお小姓たち、そして女の子達とともにあらかじめ用意していた方法で本能寺から抜け出したの。

そして、信長君たちが無事に逃れたことと確かめた後、光秀君は勝利の雄叫びを上げ勝利宣言する。

本能寺の出来事を聞いた秀吉君は急いで中国地方から引き返し、光秀君を謀反人として戦う。

光秀君は負け、自害した……ということにして、秀吉君は頭領の信長君の敵を討った英雄となったのでした……というストーリーね」

「本能寺から逃れた信長さんは、その後どうなったの？」

「長野の山奥で濃姫とゆったりと暮らしてたわ」

「長野の山奥？　どうしてそんなところに？」

「結構いい場所だったのよ。隠れるにも、いろんな情報を得るにも地理的に良かったの」


「いろんな情報って？」

「表舞台からは引退したけどね、まだみんなと一緒に夢に向かってはいたの。だから、情報を得ては、いろんなアイディアを出したりしてた。光秀君が全国を回って情報を集めては信長君に報告してたしね」

「そうそう、光秀さんは、その後どうしたの？」

「自害したお芝居の後、天海和尚と名を変えて、信長君のアイディアなどを秀吉君や家康君に伝えるなどの補佐についた。家康君は、この本能寺のストーリーには直接関わってはいなかったけど、後ろでしっかりと見守っていたのよ」

「ということで、秀吉さんが信長さんの後継ぎとして認められた？」

第十二章　豊臣秀吉は信長との約束を破った

「そう簡単にはいかなかったのよね。そこに待ったをかけた人がいたの」

「それは？」

「織田家の筆頭家老だった柴田勝家。

この人は、自分が信長君の後継ぎだと信じて疑わなかったの。

由緒正しい武家であり、なおかつ筆頭家老という大役を仰せつかり、
その上、信長の妹であるお市と結婚していたんだから、跡継ぎは自分しかありえないと思ってたの。それを農民上がりふぜいが自分を飛び越して跡継ぎになるなんて絶対に許せなかったのね」

「それはわかる気がするなぁ～、ってか、ちょっと待って……

お市さんは他の人と結婚してたよね。どうして、勝家さんとまた結婚したの？」

「お市は浅井長政と結婚してたんだけど、長政が信長君を裏切ったでしょ。

そして、信長軍に制圧されてしまった。だから、お市は織田家に戻って来たのよ。

お市は、自分は長政の妻として一緒に長政と死ぬと言って織田家に戻るのを嫌がったんだけどね、信長君が説得して戻したの。そして、今度は勝家と結婚することになったのよ」

「それも政略結婚？」

「政略結婚というより、お市のことを考えたの。浅井長政の時にかわいそうなことをしてしまったと不憫に思ってたのね。そしてこのまま一人じゃ心細いだろうとね。だから誰かと結婚させてあげたいと思ったの。

その頃、勝家から是非にお市を嫁に欲しいという申し出があったの。

でも、信長君は、天下を取るのは、後を継がせるのは秀吉君だと思ってたから、ちょっとその申し出に躊躇してたのね。そこでお市に直接聞いたの。

お市は、信長君の理想の国づくりの話を聞いてみんな知ってた。

自分の後を継ぐのは秀吉君だと、だから秀吉君のそばにいる方が安全だと。

秀吉君には、ねねという妻がすでにいたから、正妻にはなれないけど、側室として秀吉君の保護を受けないかと聞いたの。

そしたらお市は、勝家を選んだ」

「どうして？　側室という身分がイヤだったのかな？」

「そうじゃなくて、秀吉君の女好きなところが気に食わないって……」

「秀吉さんは女好きだったの？」

「そうねぇ〜、そこがちょっと玉に瑕なのよねぇ〜〜、女好きというより、女に甘かったたって感じかしらね」

「まぁ、女性にしてみたら、それってちょっとイヤかもね」


「ということで、勝家と結婚することになったの。勝家はね、そりゃ喜んだわ。大将の妹と結婚出来るってことは、跡継ぎとして認められたと思ったの。そりゃ思うわね。信長君の理想の国づくりの話なんて何も聞かされてなかったんだから。もう勝家の頭の中では、自分が織田家の頭領になることが決まってたの。だから、秀吉君が跡継ぎになるなんて、絶対に納得できなかった。秀吉君は、困ったわ。そして、家康君も勝家を説得しようとしたんだけど、どうしても聞き入れない。だから、仕方なく秀吉君は勝家と戦うことにしたの。だって、このまま引き下がるわけにはいかなかったから」

「苦渋の選択だよね……お市さんの事もあるし……」


「そう、だから秀吉君や家康君は、お市に、もう一度帰って来るように説得したのよ。でもね、お市は長政の時のような事は繰り返したくないと、もうこの世に未練はないと、夫、勝家と一緒に行きますと言って聞かなかった」

「悲しいね……いくら戦国の世とは言っても、二度も夫が兄たちの敵になって打たれてしまうなんて。」

「仕方なく秀吉君は勝家を討ち、とりあえずは天下統一に大手をかけた。でもまだ大名達の間では動揺があった。一応、秀吉君の事は認めたように装っていたけど、でも信長君の跡継ぎの大将とするには納得できない人達も多かった。勝家のように表だって秀吉君にたてつく人はいなかったけど、陰でまだ不穏な動きをする大名もあった。下級武士の出自の秀吉君に頭を下げることが、どうしても武家のプライドが許さなかったのね……」

「そりゃそうだろうな……プライドの高い人達が多いだろうし……」

「でも、こればっかりは今さらどうしようもないし、農民（下級武士）の出自だからこそ、信長君は秀吉君に後を継がせることにしたんだから。そして、それだからこそ庶民の人気も凄かったんだから……」

「で、結局どうやって納得させることが出来たの？」

「大勢の大名の前で家康君が、秀吉君にひれ伏したの」

「ひれ伏した？」

「そう、秀吉君に頭を下げ、そして、秀吉君の臣従要求をのんだの」

「これも二人の作戦？」

「二人で考えたのよ……どうすれば平穏にみんなを納得させることが出来るかってね。

その頃、家康君に信長君の後を継いで欲しいと思う大名達が多かったの。

家康君なら信長君の側近として長いし、実力もある。

そして、何よりも由緒正しい武家の出身。

だから、家康君ならばついて行くと思う大名がたくさんいた」

「だから、家康君が秀吉君にひれ伏したんだ」

「でもすぐにひれ伏したらおかしいでしょ……だから一応戦う素振りは見せたの。
それが、小牧・長久手の戦いといわれるもの、戦いと言われてるけど、
両軍は衝突はしてないの。実際には戦ってはいない。
秀吉君と家康君は、お互いの味方の大名達を説得するという外交戦を繰り広げていた。
そして、最後に和睦するという形をとったの。
その和睦後に、家康君が秀吉君の臣従要求をのんで、家来になった。
そうすることで秀吉君が天下人だと日本中に知らしめたのよ。
みんな家康君が家来になったということで、
秀吉君が天下人だと納得せざるを得なくなった。

ここでやっと秀吉君の天下統一が成し遂げられたの」

「やっと、信長さんの思いが叶ったってことだよね……」

「天下統一したから安心なんてことはなくてね、これからが秀吉君の腕の見せ所なの。信長君の思いをどこまで実現できるか……そればかりを考えていたわ。ホントよくやったと思うのよ……

とにかく一番の目的は、庶民のための国づくり……だから武士に取り上げられてしまっていた庶民の権力を取り戻さなければいけない。そのために検地を行ったの。全国の土地を把握して、複雑な土地所有関係を整理し、荘園制度を崩壊させたの」

「荘園制度を崩壊させたって？」

「今までは荘園制度っていって、荘園を持っている人がすべての権利を持っていたのね」

「すべて……」

「荘園の中にいた人々、農民も武士も、そこで出来た作物もすべて荘園の持ち主個人の所有物として考えられてた。だから、農民達も戦に駆り出されてたりした。それをやめさせるために、刀狩令を出して農民が武器を持つことを禁止し、兵農分離を進めていった。だから農民が戦に駆り出されることがなくなり、農業に専念することが出来るようになった。そして次に人掃令（ひとばらいれい）を出して、一村単位の家数、人数、男女、職業などを明記した書類を作成したの。まぁ、戸籍のようなものね。

そんな政策を次々と出すことによって、個人の物だとされた土地や人や、そこで出来る作物を国のもの（国が管理するもの）としていったの。だからもう一部の力のある荘園の主達が好き勝手に出来なくなって、荘園制度は崩壊していったってこと。

これは信長君が望んでいた……農民が武士達の勝手な戦いに巻き込まれることなく安心してみんなが食べる物に困ることのない豊かな国にするために、農民が農業に専念できるようにという思いを実現したことなの。

他にも信長君の楽市楽座だとか関所の廃止などのアイディアを自分なりに工夫しながら次々と実現していったのよ……

そして、他にも秀吉君の頭を悩ませる問題があった」

「何？」

「朝廷との関係……そして、キリシタンの問題……

弥生時代から神格化され、表向きは血統が続いてきたとされる天皇を強制的に排除する訳にはいかないでしょ……そんな事をしたらまた大きな紛争が起きることになる。

信長君もここには手をつけられなかった。だから、穏便に平和な関係を築くことにしたの。

一応日本は天皇を頂点とした国だということにして、実務は秀吉君が行うという形……天皇は象徴であり、政治には口をはさまないでね、と」

「朝廷がそれでよく納得したね……」

「その条件を受け入れざるを得なかったっていうのが本音ね。だって、武力では勝てないんだから、歯向かうのは得策じゃないでしょ。一応であっても秀吉君よりは上の立場ということにしてくれてるんだから、それで良しとするしかなかったのよ」

「で、次にキリシタン？」

「キリシタンの問題は時間がかかったというか、信長君の方針に従って穏便に少しずつ関係を切っていこうとしてたの。バテレン追放令っていうのを出したりしてたんだけど、これはまだ強制的な禁教をするためではなく少しずつ進めていきますよという意志を表明しただけのものだったの……でも、ある事件が起きて穏便には出来なくなってしまったの」

「事件って……サン＝フェリペ号事件？」

「よく知ってるわね……そう、その後に起きた二十六聖人処刑という事件ね。この事件も知ってる？」

「教科書では、土佐国にスペイン船が漂着したんだけど、土地の人々がその乗組員達を町内に幽閉し、所持品をすべて没収し、航海日誌などの書類をすべて破棄した。

その事に対して秀吉さんに直接抗議しようとした船員が都に行ったんだけど、
交渉の仲介を頼もうとしていたフランシスコ会などスペイン系の宣教師たちを捕らえ、
その後処刑したっていう、秀吉さんがキリスト教徒に対して行った直接的迫害……って
ことになってるね」

「まぁ、それもそっち側の歴史よね……土佐の人々はスペイン船が漂着した時、
人として礼を尽くし、客人としてもてなしたのよ。
でもね、スペインの人達は勘違いをしていたの。
この船に乗っていたのは、軍人だったのよ。
この頃のスペインは他国をどんどん侵略していた。ペルー、メキシコ、フィリピンを
武力制圧してきた経験から日本もいずれは同じように自分達の植民地となり、
国民は奴隷になる運命だと勘違いしていたの。
だからね、助けてくれた土佐の人々に対しても　無礼な態度をとったり、
荷物を触っただけで腕を切ったりする傍若無人な事をしたの。
その話を聞いた秀吉君は凄く怒ったわ。
そして、信長君から聞いた話は本当だと思った。
信長君からは、宣教師は前乗りして来たスパイだということ、
そして次に武力で侵略に来るということを聞いていたから、

それが実際に行われようとしていることに危機感を感じたの。このまま悠長なことをしていたら、日本も他国のように植民地にされてしまうとね。だから、急ぎ禁教令を出し、都で宣教活動をしていたキリシタンの宣教師を捕え処刑することにした。日本を狙っている欧米に対して、思い通りにはさせないという強い意志を見せたのね。これがこの事件の真実なの」

「そう言えば、コロンブスも同じような事をしてたって話、聞いたことあるよ。教科書ではアメリカ大陸を発見した英雄ってことになってるけど、行く先々で住民に金（ゴールド）を要求したり、金を持って来ない人の腕を切ったり、奴隷貿易をしたり……って。ホント、歴史って見る角度でまるで違うんだよね。そう言えば、文禄・慶長の役とかいって、秀吉さんも朝鮮半島を侵略しようと出兵したとかって聞いたことあるけど、それって本当なの？」

「出兵はしたけど、それって侵略しようとしてたわけじゃない。琉球からヘルプ要請が来たからなのよ」

「琉球、沖縄から？」

「そう、琉球民族は縄文人の子孫でしょ……

前にも言ったけど、純粋な縄文の子たちは弥生になってから、北海道のアイヌ民族と沖縄の琉球民族だけになってしまっていたの。その琉球民族が李氏朝鮮や中国の明から侵略されそうになったので秀吉君に助けを求めてきた。そのために出兵したということなの。同じ縄文の波動を受け継ぐ者同士通じ合うところがあったのね。自分の私利私欲、領土を広げたいなんて理由じゃないわよ」

「そういうことだったのか……やっぱりね、教科書を読んだ時にすごい違和感を感じてたんだよ。なんで突然理由なく朝鮮出兵なんだろうかって。そんな理由だったなんてどこにも書いてない。一般的には、はっきりとした理由はわからない、秀吉さんの頭がおかしくなったんじゃない？　くらいの勢いで書かれてたよね。おかしくなって急に朝鮮出兵なんて、ありえないでしょ……やっとすっきりしたよ。いろいろ話を聞いてると、秀吉さんは信長さんの後継ぎとしていい仕事してるよねぇ～～」

「そうなのよ、ここまではホント秀吉君はよくやったと思うわ……」

「思うわ……って、いったい秀吉さんは何をやらかしたの？」

「信長君が一番やっちゃいけないって事をしようとしたのよ」

「何それ？」

「世襲制……」

「あ〜、それね」

「そう、それ……。

ただその家に生まれた……というだけで権力を持つという構造は、今までの貴族達と変わらない。世襲制を続けてしまうと、子供は生まれた時から権力を持つことになってしまい、〝自分が一番〟が当たり前になって本当に国の事を思い、領民の事を一番に大切にする心が失われてしまうからと。

そして、その上にまた後継者争いが勃発して大切な屋台骨が揺らいでしまう。

だから信長君は、血筋による家督相続ではなく、能力、適性によって次の時代を担う世継ぎを選ぶことを秀吉君に約束させてた。

秀吉君も信長君の想いを知り、それを了承していたのよ。

秀吉君自身もいろんな貴族や武家の事を見てきて、世襲制の弊害をよく知ってたはずなんだけどね、子供が可愛くなっちゃったのね……というより、彼は女性に弱かったのよ、
ホントそこだけが玉に瑕。

秀吉君は、ねねという正妻がいたけど、ずっと子供が出来なかったの。

まぁ、他の女性との間にも出来なかった。

だから自分には子供は出来ないってあきらめてたのね。

それが晩年になってやっと授かった、だからもう可愛くて可愛くて仕方がなかったの。

そして、その子を産んだ淀がまた大変な子だったの。

この子のおかげで信長君たちのシナリオが違う方向へ行ってしまった。

秀吉君はこの子に振り回されて、信長君との約束を反故にしたの。まったくねぇ～」


「淀殿って、お市さんの娘でしょ？　信長さんの姪っ子？」

「お市が浅井長政と結婚して出来た子供ね」

「その人がまたなんで秀吉さんの側室になったの？」

「秀吉君はずっとお市が好きだったの、出来ればお市を側室にしたいと思ってたのよ。

でも、お市は自分を嫌い勝家と結婚した。そして、勝家を討った時も、
お市に帰って自分と一緒にならないかと説得したんだけど断られたって経緯があるの。

だから、お市の娘淀（茶々）を見た時に一目で気に入ったの。

そして、お願いして側室になってもらった。その時からある意味力関係が出来てしまって、
秀吉君は淀に頭が上がらず振り回されていたのよ」

「奥さんのねねさんにも頭が上がらなかったって聞いたけど……」
「ホント、女の子には弱かったのね。まぁ、ねねは女性としてというより
若い頃（秀吉君が下級武士の頃）から戦友的な感じだったわね。
秀吉君を支え、天下人にしたんだから。そういう意味で頭が上がらなかったってことね」

「ねねさんとは恋愛結婚だったんでしょ？　それって当時では珍しいんでしょ？　結婚のほとんどは政略結婚の時代だから……」

「政略結婚は、ある程度の身分の人達の話で、農民や下級武士達は、恋愛結婚がほとんどだったのよ。だから、二人も特に珍しくはなかったわ。

ねねは、おっとりとした性格で、まわりの人に慕われ愛されてた。

ねねがいるから秀吉君につくという武士もたくさんいたわ。

そうやってねねが後押ししてくれたから、秀吉君は思いっきりやることが出来たの。

だから、秀吉君にとっては、ねねはただの妻じゃなかったの」

「それなのに淀殿を側室にしたの？」

「まぁ、当時としては側室を持つことはそんなに珍しくはなかったからね。

ねねもそんなことをゴチャゴチャいうこともなかったわ。

ねねには秀吉君とはもっと深いところで信頼し合ってるっていう自信もあったしね。

ただ、人としての淀にはあまりいい感情は持ってなかったの。

淀は、とても自己主張が強く、そして権力欲も強かった。だからちょっと心配してた。

その心配が現実となったの」

「現実って？」

「淀が秀吉の子、鶴松を産んだ時に、この子を後継者として皆に知らしめて欲しいと

秀吉にしつこく迫ったの。信長君とも仲が良かったねねは、
信長君が世襲制をひどく嫌がってたのを知ってた。

だから、淀の要求に秀吉君が応じないことを願ったんだけど、女の子に弱い秀吉君は
どんどん淀に振り回されて言うことを聞いてしまったの。

ねねは、ずいぶん反対したんだけど、秀吉は舞い上がってしまって聞く耳を持たなかった。

そして鶴松を後継者として指名してしまったの」

「どうして淀さんはそんなに跡継ぎにこだわったの？」

「淀は浅井家の娘として、没落した浅井家をいつの日かまた再び主力の大名として返り咲く日が来るよう心して生きていって欲しい……って、子供の頃からずっと言われ続けてたの。だから秀吉の後継ぎを産み、自分と子供が権力を持つことが出来るようになると父方の浅井家が復興できると考えていた。だから、跡継ぎにものすごくこだわった」

「でも、一人目の子供は亡くなってしまったんでしょ」

「それが原因で、またややこしいことになっていくのよ」

「ややこしいことって……」

「後継者争いね。鶴松が死んでしまったから、跡継ぎはいなくなった。

だから、秀吉君は自分の甥である秀次を自分の後継者として関白職を譲り、
自分は太閤と呼ばれるようになったの。鶴松が死んで、秀吉君はある意味ホッとしたのよ。

だって、信長君が反対してた世襲をしなくて済んだから。だから早々と引退を決めたのよ。

でもね、どうしても権力を手にしたかった淀は、また秀吉君の子ども秀頼を産むの。そして、また秀吉君に秀頼を跡継ぎにすることを迫ったのよ」

「すごく下世話な疑問なんだけど、、その子達って本当に秀吉さんの子供だったの？
だって、ねねさんとは子供が出来なかったんでしょ……
そして他の女性たちとの間にも出来なかったのに淀殿との間にだけ、
そんなに短い間に二人も出来るなんて……ねぇ～」

「……そこのところ、秀吉君に直接聞いてみる？」

「え？　信長さんの時みたいに直接話出来るの？」

「話ししてみたい？」

「したい、秀吉さんと話ししてみたいです」

☆　秀吉さんとのインタビュー　☆

「こんにちは、私はあつしと申します。豊臣秀吉さんですか？」

「豊臣秀吉か、なんだか慣れない名前だの、藤吉郎でいい、藤吉郎と呼んでくれ」

「藤吉郎さん？」

「そうその名前が一番慣れてるのでな、しっくりくる」

「わかりました、では藤吉郎さん……どうしちゃったんですか？　どうして信長さんとの約束を反故にして自分の子供に後を継がせようとしちゃったんですか？」

「ホントに信長殿には申し訳ないことをしたと思っておる。だが、可愛くてなぁ、自分の子供があんなに可愛いものだとは思わなんだ。自分が今まで創ってきたもの、もう何もかもすべて子供にやりたいと思った。
やっと、他の大名達の気持ちがわかったんじゃ。
私は生まれが貧しくて、親は何も持っていなかった。自分でのし上がるしかないと思った。だから、親の後を継ぎたいとも思わなかったし、長い間子もいなかったから継がせたいという気持ちもわからなかった。でも実際にこの手に我が子を抱いた時に、どうしようもなく可愛くて可愛くてたまらなかったんじゃ。

この子に自分がしてきたような苦労はかけたくはなかった。

いつもニコニコしていられる環境においておいてやりたくなったんじゃ。

私は年を取っていたので、子と一緒にいられる時間はそんなに長くはない。

教えてやれることも少ない。だから余計に子が不憫でなぁ。

出来る限り守ってやれる環境をつくりたかったのじゃ。

そして、自分もまもなくこの世を去る。それを考えるとなんだか心細うなってな。

自分が生きて来た証のようなものを残したくなったのじゃ」

「充分残してるじゃないですか？　天下を取った武士として、充分名を残してる。

これ以上残すものが、どこに必要なんですか？」


「そうじゃないんじゃ、名前だけじゃなく、やっぱり自分の成し遂げた後の延長線上に自分の子孫を残したかった。これは理性ではどうにもならんかった。

だから、みんなここでつまずく。それは頭では重々承知しておる。

でも、この突き動かされる子への本能と、自分がいなくなる不安な気持ちだけはどうにもならんかった。そして、これは言い訳じゃが、淀もうるさかったしなぁ。

私がうんと言うまで、とにかく四六時中その話じゃ、たまらんかったぞ」


「ちょっと聞きにくいことをお聞きしてもいいですか？」

「なんじゃ？」

「淀殿がお生みになったお子さん達は、本当に秀吉さんの子なんですか？
ずっと何人もの方達との間に子供が出来なかったのに、
淀殿との間だけ短期間でお二人も出来るなんて不思議に思われなかったのかと……」

「本当に聞きにくいことを、直球で聞く奴じゃの～」

「すみません」

「わからん。もしかしたら私のタネではないかもしれん。
でも、そんな事はどうでも良かったのじゃ。あなたの子です……という言葉を
人生で初めて聞いた時、とてもうれしかった。
子をこの手に抱いた時に素直にうれしかったのじゃ。
それだけで、その子達は私の子になった。確かに私の子になったのじゃ」

「そうだったんですか……なんかちょっとわかる気がするかも」

「人とは、本当に弱いものじゃ、それがよくわかった。私は弱かった。ずっとくだらないと思っていた武将達と同じことを自分が望むとは思うてもおらんかった。

本当に信長殿には申し訳ないことをしたと思っておるんじゃ。

そして、家康殿にも感謝しております。

私の失敗をしっかりと補助してくださったおかげで、信長殿の理想の国づくりの夢が叶ったのじゃから」


「でも家康さんは、結局は、あなたの子孫を滅ぼしてしまわれたのですよ。そのことに関して何か恨みみたいなことはないんですか？」


「ない、反対に感謝しておる。

家康殿のお気持ちを察すると、本当に申し訳ない気持ちでいっぱいじゃ。

家康殿は心を鬼にしてくださったのじゃ……

すべては私の不徳の致すところじゃから、恨みなどあろうはずもない」


「わかりました。でも、すごく僭越ながら言わせていただきますが、私は藤吉郎さんは、とても素晴らしい業績を残されたと思います。ちょっとお子さんのことで道に迷っちゃたかもしれないけど、信長さんの理想の国づくりに大きな貢献されたと思います。あなたが居なければ、江戸時代は出来なかったと思います」

「そう言っていただけるとありがたい。ありがとう」

「こうして藤吉郎さんの本当の気持ちが伺えてよかったです。こちらこそお話ししてくださってありがとうございます」

「もういいかしら？」

「ありがとう、さくやさん。なんか俺、秀吉さんのことが大好きになったよ。庶民の間で秀吉さんが人気なのがわかる気がするね」

「じゃあ、その後の話に戻すわね。

秀次を跡継ぎとし、自分は引退した後、また淀に秀頼が出来た。

淀は鶴松の時と同じように、秀吉君に跡継ぎにしろと迫ったの。

でもね、秀次を関白にしたすぐ後だったから、早々それを翻して跡継ぎ宣言することは出来なかったのね。淀は秀吉の後継ぎは秀頼、そして秀次は秀頼が大きくなるまでの一時的な関白（後見人）とする旨をみんなの前ではっきりと表明して欲しいと秀吉君に迫ったの。

秀吉君は困ったわ。もう鶴松の時ようなことは繰り返したくないと思ってたから。

だからといって、淀を納得させる手も浮かばない。のらりくらりと答えを先延ばしにしてた時、秀次の裏切りが表ざたになったのよ」


「秀次さんが秀吉さんを裏切った？」

「秀次が秀吉君に謀反を企んでるって話が耳に入って来たの」

「どういうこと？」

「秀次が、キリシタンと組んでる……と」

「それって実際の事だったの？」

「秀次はね、淀の策略にはまってしまったの。

秀次は、秀吉君をとても慕っててそんな事を考える子じゃなかったわ。

でもね、秀吉君がキリシタンの本当の目的を知ってて、嫌ってること、日本からキリシタンを締め出そうとしていることを知らなかったの。

それを淀が利用したのね。秀次にいつか日本も世界と肩を並べる日が来る、そのために日本にいる宣教師達とも仲良くしておいた方がいいとそそのかし、何人ものキリシタンの宣教師を紹介したの。

素直な性格の秀次は、日本のため、秀吉君のためになるなら、とキリシタン達と親しくしていた。それを、淀が誹謗中傷したの。

秀次はキリシタン達を排除しようとする秀吉君は間違っているとみんなに言いふらしている、そしてキリシタン達と組んで秀吉君に対して謀反を企ててる……とね」


「秀吉さんは、それを信じた？」


「一応調べたのよ、でも、キリシタン達と仲良くしているのは事実だった。

秀次に対して疑心暗鬼になってしまった秀吉君は、淀の言葉を信じ、秀次を高野山に幽閉し、最終的に切腹を申し付けてしまったの。

こうしてまんまと淀は、我が子秀頼を秀吉の後継ぎとすることが出来たの」


「すごい人だね、淀殿って……あ、切腹つながりでちょっと気になることがあるんだけど……

千利休って人の事なんだけど……

秀吉さんが秀次さんに関白職を譲った頃に切腹させられてるんだけど、これは淀殿とは関係ないの？」

「千利休の事は、淀とはまったく関係ないわ。千利休はスパイだったのよ……それがわかって秀吉君は激怒したってこと」

「やっぱりそうだったんだ……どこかで千利休は、家康のスパイだったって書かれてたけど……」

「家康君は秀吉君にスパイなんて送らないわよ。千利休はね、朝廷のスパイだったの」

「朝廷？」

「表向きはね、朝廷は秀吉君と仲良くするふりはしてたんだけど、でも機会あれば秀吉君を排除して、元のように政権・権力の中心に返り咲こうと画策してたの。秀吉君は、利休をとても信頼しててね、いろんなことを相談したりしてた。それを利休は全部朝廷側にリークしてた。

それを知った時の秀吉君の怒りようは凄かったわよ〜。

全幅の信頼を置いていただけに、余計に利休を許せなかったのね」

「でも、どうしてそのことが後世にはっきりと残ってないのかな？」

「千利休が朝廷のスパイで、そのことを知った秀吉君が切腹させた……なんて言えない。

そんな事が表ざたになれば、何となく事を荒立てずに、表向きは温和に付き合ってきた朝廷と事を起こすことになってしまうでしょ。これからも朝廷とは友好関係を保っていかなければいけないんだから、それは得策じゃない。

だから、スパイだということには気が付かないふりをして、秀吉君に対して粗相をしたから切腹を申し付けたということにしたの」

「だから、安価な茶器類を高額で売って私腹を肥やした疑いをもたれたからだ……とか、秀吉と茶道に対する考え方で対立した……とか、秀吉の朝鮮出兵を批判した……とか、後付にしか思えないようないろんな説があるんだね。やっと理由がわかったよ」

「淀のことに話を戻すわね。淀の性格がよくわかるちょっとした事件があってね、そのことが豊臣家の後々に影が差すことになるのよ」

「なんか怖そうな感じだなぁ～、何があったの？」

「秀吉君が亡くなる半年ほど前の春にね、京都の醍醐寺で、秀吉君主催のお花見の宴を催したの。秀頼、ねね、淀たち近親の者をはじめ、諸大名、その配下の人達など約千三百名を呼んで、それはもう盛大な宴を催したのよ」

「それって、醍醐の花見って呼ばれてる宴じゃないかな？」

「とにかく、その時の秀吉君の権威の大きさがよくわかる宴だった。ここでね、淀は自分の権威も人々に見せつけたくなったの。ここぞとばかりにやってしまったのよ」

「何を？　どうしたの？」


「花見の時にね、近親者たちは秀吉君から盃をもらうのね。その順番をめぐって文句を言ったの。

まずはやっぱり正室である、ねね……だと誰でも思うわね。それをね、淀は私の方が先にもらうべきだと、跡継ぎの母である私の方が、子のない正室より立場が上なんだから、最初に盃をもらうのは当然私である……と、みんなの前で宣言してしまったの。

これにはみんな驚いたわ……驚くというより、ドン引きね。呆れてものが言えないって感じ。

だいたいね、そんな淀だから普段から家臣達に向かっても世継ぎの母として権力を振りかざすところがあったの。だから、みんな心の中では淀のことをよく思ってなかった。反対に、ねねはいつも穏やかで、表だって何か主張することもなく、それでもしっかりと秀吉君を支えているのをみんな知ってる。

そんなねねは、みんなに慕われ頼りにされていた。
家臣達にとっては母親のような存在になっていたの。
そのねねを差し置いて、自分の方が立場が上だと言い切ったんだから、何をかいわんや
……よね。みんな一斉にねねを見たわ……ねねは、どうするのか？　ってね」

「ねねさんは、どうしたの？」

「さすがのねねもそりゃびっくりしたわ。でもね、それも一瞬。

すぐににっこり笑って、どうぞって言ったの」

「すごい、さすが肝が据わってるわ。で淀はそのまま、ねねさんより先に盃をもらったの？」


「ねねが、どうぞって言った後は、みんな秀吉君に視線を移した……

秀吉君がどうするかに注目が集まったわ……みんな固唾をのんで秀吉君の言葉を待った」

「秀吉さんは？　どうしたの？」

「ねねに先に盃をとらせたの。何も語らずにね」

「そんなことをしたら淀殿が怒るでしょ……」

「顔を真っ赤にして怒ってたわ。

でも、秀吉君は顔色を変えず、静かに淀に向かって言ったの。

勘違いをするな、分をわきまえなさい……とね。

正室であるねねより上の立場などと不届きなことは金輪際口にしてはならない……と、はっきりと淀に言い渡したの」

「さすがだね……というか、それが当たり前なんだけど」

「そう、でもその当たり前の事すらわからなくなってしまってたのよ、淀は。固唾をのんで見守ってた人々は胸を撫で下ろしたわ。ここで間違って秀吉君が淀を優先してしまったら、その後どこまで淀が付けあがるかわからないでしょ。秀吉君が淀に甘いのを知ってたから、もしかしたら？まさか？　って、ちょっとだけ心配したの（笑）」

「どんだけ日頃から淀殿に甘かったんだよ……まったく、藤吉郎さんは……」

「仕方ないわね、それが秀吉君の玉に瑕なところでもあり、その人間的なところが人々に好かれる所以でもあったんだから。でも、やるときはやるのよ、秀吉君も……でもね、この小さな出来事が、後々に響いてくることになるの」

「後々に響いてくるって？　跡継ぎの事で？」

「この事件が豊臣家の没落のきっかけになってしまったの」

「こんな小さな事件が、そんな大事に？」

「ここから半年後に秀吉君が亡くなったんだけど、その後正式に後継者を決める段になって、この事件を知っている家臣達の中で、秀頼……というよりも淀殿に従いたくない……という声が大きくなっていったの」

「そりゃそうなるだろうね、まだ秀頼君は小さいんだから、権力は後ろの淀殿に行くだろうからね……」

「困ったのは家康君よ……」

「どうして？」

第十三章　徳川家康が天下を取ったのは想定外の出来事

「秀吉君の亡き後、家康君は、朝廷の官位でトップになってたし、秀吉君から「秀頼が成人するまで政事を家康に託す」という遺言を受けていたもんだから、世の中から豊臣家の五大老筆頭と目されてたの。一応豊臣家の家来的な立場をとってた。だから苦情もたくさん来るわけよ。淀を何とかしてくれ的なね」

「どうして、そんな約束を秀吉さんとしちゃったの？　信長さんがダメって言ってるんだから、世襲制はやめなさいって言えばよかったんじゃないの？」

「そこのところ、家康君に直接聞いてみる？」

「みたい、みたい……直接聞いてみたい……」

☆　家康さんとのインタビュー　☆

「こんにちは　はじめまして、あつしと申します」

「はじめまして、家康です。」

「急にこんな形でお話しを伺うことになってしまったんですが、よろしいでしょうか？」

「はい、大丈夫ですよ……何からお話しすればよろしいですか？」

「秀吉さんが子供に継がせると言い出したあたりをお聞きしたいのですが……」

「いや〜、あれには本当に参りましたよ。

突然藤吉郎殿が、子にすべてを譲りたいと言い出した時には、
これはまずい事になったと思いました」

「どうして止めなかったのですか？」

「初めのお子の時は、ずいぶんお止めしました、ねね殿と一緒に。でも聞く耳を持たれなかった。次のお子の時はそのような話をするスキもなかったのです」

「スキが、なかったって？」

「藤吉郎殿のまわりには常に淀殿が目を光らせていらっしゃったので、表向きの話しかできなかったのです。その上、藤吉郎殿は、私が何をお話ししたいのかをわかってらしたので、わざと話をはぐらかしたりして、その話には触れるなよという暗黙の圧力があったりして、まったく話が出来なかったのです」

「藤吉郎さん……汚いなぁ～」

「私は、表向きには藤吉郎殿、というより豊臣家の家来的な立場でしたから、家来達が集まる所では、命令は聞かなければいけません。
そこで、皆の前で……秀頼を頼む、秀頼が成人するまでしっかりと後見してくれ……

と言われてしまえば、承知いたしました、と頭を下げるしかなかったのです。
見事な策士です。ホントずるいお方だ」

「信長さんに言いつけたりすれば、よかったんじゃないですか？」

「兄《あに》さまは何も言いません。兄さまは、後のすべてを藤吉郎殿に任せたのです。任せた限りにおいては、口は出さないと決めていらっしゃいましたから……」

「信長さん、潔いいというか、カッコイイというか……」

「思うところはあったとは思いますが、じっと静観しておられました。
もしここで方向が変わってしまったとしても、
それはそれで仕方ないと覚悟しておられました。
いやぁ、ホント困りました。参りました。私がこのまま黙って見ているわけにはいかないじゃないですか？　兄さまの理想の国づくりがここまで来たのに、ここで挫折するわけにはいかない。世襲制を認めてしまうということは、挫折したのと同じです。
藤吉郎殿が亡くなった後、淀殿に権力が移ってしまうと、
これまでと同じような大名達のための世の中に戻ってしまう。

だから、光秀殿の意見もお伺いしようとご相談申し上げたのです」

「光秀さんはどういう考えだったんですか？」

「私と思いは同じでした……何とか兄さまの理想の国づくりの方へ修正していきたいと思っていらっしゃいました。でも、光秀殿も今はもう表に出られる立場ではない……結局は私がするしかない……ということになります……よね……」

「そうですね、表舞台に残っているのは、家康さんだけですものね」

「はい、私も覚悟を決めました。

何がどうあっても兄さまの理想の国づくりを続けようと。

私が豊臣家に代わり、天下を治めるしかないと。

といっても、容易なことではありません。豊臣の味方をする大名達も

藤吉郎殿がいらした時ほどではなくとも、まだたくさんいます。

そして、家来の一員であった私が豊臣家に弓を引くということは謀反になり、

世の反感を買うのは必至です。

世の中が、豊臣方と、我が方とでまた真っ二つに分かれ戦になるのは免れません。

そんな事をしていいのかどうかも迷いました。

せっかく藤吉郎殿が治めた世をまた動乱させてしまう。

でも、ここでやらなければ、元の世に戻ってしまう。

戦はしたくないけど、でもやるしかないと思い、豊臣に弓を引いたのです。

でも、なるべく戦は減らしたい……

だから、天海和尚と名を変えていらした光秀殿にお願いして、大名達に話をしてもらったのです。家康に付くようにと。お陰でずいぶん戦を減らすことが出来ました」


「でも、豊臣に弓を引くにも理由が必要だったんじゃないですか？

信長さんの理想の国づくりの話なんて出来ないだろうし……

どういう理由で弓を引いたんですか？」


「一番理解してもらいやすい理由にしました……」

「理解してもらいやすい理由？」


「はい、私は、天下人になりたいと思う……と言ったのです。

信長さま、秀吉さまには家来としてお仕えしてきましたが、今度は、私が天下を取りたいと思ったのです。もう誰に仕える気もありません。私は天下をとる順番を待っていたのです……と。今がその時、機が熟したのです……と言いました」

「そりゃわかりやすいわ……みんながそれを狙ってる時代ですからね……」

「そして、豊臣家は、今幼い秀頼公と淀君しかいない。とても手薄な状態です。この手薄な豊臣と、私のどちらに付きますか？　と大名達に迫ったのです。そして、多くの大名の理解を得ることが出来ました」

「ちょっと聞きにくいことをお聞きしていいですか？」

「どうぞ」

「最後の決戦で、豊臣の血筋の人すべてを殺したと言われていますが、それは本当でしょうか？」

「本当です。苦渋の決断でした」

「小さな子は助けてあげようとか思わなかったのですか?」

「迷いました。でも、鬼となりました」

「なぜ?」

「一人でも豊臣の血筋が残ってしまうと、またその子を担いで豊臣の家を復興しようと思う人達が出てきます。そんな事をしていたら、いつまでたっても落ち着いた平和な世の中にならないと判断したのです。なんと言われても言いと思いました。兄さまが鬼と呼ばれたのなら、私も呼ばれようと覚悟しました。幼い子には本当に不憫なことをしたと思います」

「イヤなことをお聞きしてしまいました。すみませんでした」

「いえ、本当のことですから、仕方ありません。」

「でも、その決断が二百六十年も続く平和な世の中になったのですから、みんな理解してくれていると思います」

「そう願えればうれしいです」

「いろいろ不躾な質問をしてしまって申し訳ありませんでした。気持ちよくお答えいただきありがとうございました」

「ひとことだけ言わせていただいてよろしいでしょうか？」

「はい、どうぞ」

「こんなはずじゃなかったんです、私は藤吉郎殿の側近で見守るだけで良かったんです。天下人になろうなんて思ってもいなかったし、表に出る気はなかったんです。ホント、藤吉郎殿、勘弁してくださいよ〜〜」

「生の声いただきましたぁ〜〜、家康さん、お気持ちわかりますよ〜〜」

――――――――――――

「もういいかしら？」

「ありがとう、さくやさん。

家康さんって今までは、言い方は悪いけど漁夫の利？的な形で天下を取ったんだって思ってたけど、大きな間違いだったよ。

教科書では、じっと待ってるだけの人だとか書いてあるけど、大きな声で違うよって、みんなに言いたいね」


「この後、あなた達の歴史の中で有名な関ヶ原の合戦となっていくんだけどね……」

「天下分け目の戦い……」

「なんだか大層な名前が付いてるけど、すぐに終わったのよ……

ほとんど戦うこともなくね」

「そうなの？　すごい戦いが繰り広げられたのかと思ってたんだけど……」

「その前にね、家康君と光秀君が根回ししてたのよ……だから、戦いは形だけで済んだの」

「結局誰と誰が戦ったの？　豊臣と徳川っていうのはわかるけど……実際には？」

「実際には、豊臣を担ぐ大きな大名としては石田三成と毛利輝元の西軍と家康君の東軍ね。

石田三成は豊臣の家来で、秀吉君に可愛がられた人なの。

そしてね、ここでまた淀が絡んでくるんだけどね……」

「また淀殿なにかやらかしたの？」


「やらかしたっていうか、三成に泣き落としの手を使ったの。

もともと三成も秀吉君の遺子である秀頼に仕えていこうと思ってはいたのよ。

そこに、淀は自分は、か弱い女で力がない。私と秀頼が頼れるのはもうあなたしかいない……と、助けてください……と、頼み込んだの。そうなれば三成も頑張っちゃうわよね。

私にお任せください、あんな家康のような裏切り者など私が成敗し、立派に秀頼公をお守りし、次の天下人にしてみせます……となった訳。

そしてね、毛利輝元は、単に漁夫の利を得ようと虎視眈々と狙ってたって感じかな。

そんなだから、この人はそんなに必死には働かないわね。

まぁ、熱くなってたのは石田三成くらいだから、すぐに終わったってことなのよ。

戦う前から、家康君の勝利はほとんど決まってたの。

そして、この関ヶ原の合戦が終わり、家康君は征夷大将軍となり、名実ともに天下人となった。ここでさっきの話になるけど、家康君は苦渋の決断をしなければいけなくなった」


「豊臣家をどうするか？」


「豊臣は、一大名となってしまったけど、でもまだ特別な地位をもった存在でもあった。

実質的には徳川の支配下には入っていなかったの。ここで豊臣をそのままにしておくと、また豊臣を担いで天下を狙うものが出てくる……だから、豊臣を滅ぼすことにした。

これが、大阪冬の陣、夏の陣と呼ばれる戦なの。

仲間である秀吉君の縁者を、自分の手で滅ぼす辛さを心に刻みながら、天下統一をやっと果たした出来事だった。こうして秀吉君が迷ってしまった方向をしっかりと修正して、

「平和な江戸時代へと一歩を踏み出すことが出来たの」

平和な国を創りたいと思った三人の歩んで来た道は、
並大抵の道じゃなかったってことだね」

「そう、彼らの中にたくさんの矛盾を抱え、その矛盾も飲み込んで、
とにかく最初に描いた理想の国づくりのためにただひたすら歩んでいった。

でも、まだここはスタート地点でしか過ぎない。

ここからこの平和な国の基礎固めに入っていくことになるのよ」

第十四章　間違いだらけの江戸時代の認識

「江戸時代に関してはね、ホント縄文時代と同じくらい誤解されているわ。教えられてる江戸時代のイメージってどんな感じ？」

「武士が威張ってて、お百姓さん達は年貢を取り立てられて、自分達が食べるお米さえ年貢として取り立てられてるから、いつもお腹をすかしてて、お金もない。だから、女の子達は、お金のために（親を助けるために）苦界へ売られてたりしてた。男尊女卑も酷くて、三下り半ひとつで離婚させられたりして女の人達は苦労してた。とにかく地方も江戸も人々は貧乏で、働いても働いても豊かになれなかった。機械もなくて、全部人の手でするしかない遅れた文明、世界から取り残された国……的な感じかなぁ～」

「ボロボロねぇ～、悲惨な社会だったのねぇ～～（笑）」

「江戸時代は、はっきり言っていいイメージは無いかな……時代劇を見てても、この時代に生まれなくて良かったなんて思う時もある」

「(笑)」

「封建社会で、まったく個人の自由がなくて、上から言われたことは絶対なんて、自由主義、民主主義の社会に生まれた俺にとっては、死んだ方がましだよね」

「びっくりするくらい、まるっきり反対に教えられてるのね……

まぁ、そのくらいに教えておかないと明治維新バンザイにすることが出来ないからね

……わかったわ、そのイメージをひとつずつ覆していってあげるわ」

新・日本列島から日本人が消える日　下

に続きます。

超次元サロン　Muu

2010年に株式会社Muuを設立。同年5月よりサロンMuuオープン
心と身体の癒しの場としてレイキソフト整体のサロンとして、スタートする。
２年後、エネルギーワークのメニューを取り入れ、次元を超えた
カウンセリング・セッションが評判となった。
2015年より超次元サロンMuuとしてリニューアルされ、現在にいたる。

超次元サロンMuu
http://supi-muu.com/

ミナミＡアシュタール

ミナミＡアシュタールは、宇宙人のさくや、アシュタール、地球人のミナミ、あつしとでつくっているチームです。

ミナミ

幼少期に、超感覚に目覚める。ある日に他の子供たちと違うことを自覚した。怖くなったため、その不思議な感覚を封印した。大学卒業後はCAとなり国際線勤務。結婚して波乱の人生を経験した。

その後に、女優として映画・テレビ・舞台で活躍。そんなある日のこと、封印していた超感覚が復活する。

株式会社Muuを設立し、サロンをオープンした。


ブログを始め、チャネリングメッセージを発信。

人気ブログランキングで自己啓発部門トップとなる。

ワークショップ、セミナー、トークショーを全国で開催している。

ミナミのライトライフ
https://ameblo.jp/kuni-isle/

破・常識　あつし

教師になるため大学に進学。突然、俳優になるめたに18歳で上京した。

５年の俳優養成期間を経て劇団に入りプロの役者となる。

メインキャストとして2000ステージを超える舞台に立つ。

テレビ、映画、声優として活動する。突然、22年間在籍した劇団を退団した。

俳優を休業し、株式会社Muuを設立した。

カウンセラー・セラピストとなる。全国でセミナーワークショップ・トークショーをプロデュースし、講師として活躍している。

ブログで、真実の日本の歴史をはじめ、宇宙人のメッセージを発信。

破・常識あつしの歴史ドラマブログ
http://5am5.blog.fc2.com/

新・日本列島から日本人が消える日（上）

発行　2019年6月5日　初版第 1刷発行
2022年10月3日　　　第13刷発行

著　　者　　ミナミＡアシュタール

発 行 者　　松下　惇

発 行 所　　株式会社　破常識屋出版
https://www.ha-joshikiya.com/
〒 252-0804
神奈川県藤沢市湘南台 2-16-5　湘南台ビル 2F
電話 0466-46-6411

デザイン　　米川リョク

印刷製本　　中央精版印刷株式会社

ISBN978-4-910000-00-8